Geschäftsprozessmanagement und Integrierte Informationsverarbeitung

von
Prof. Dr. Dirk Uwe Palleduhn
Prof. Dr. Herbert Neuendorf
Duale Hochschule Baden-Württemberg Mosbach

Oldenbourg Verlag München

Bibliografische Information der Deutschen Nationalbibliothek

Die Deutsche Nationalbibliothek verzeichnet diese Publikation in der Deutschen
Nationalbibliografie; detaillierte bibliografische Daten sind im Internet über
http://dnb.d-nb.de abrufbar.

© 2013 Oldenbourg Wissenschaftsverlag GmbH
Rosenheimer Straße 143, D-81671 München
Telefon: (089) 45051-0
www.oldenbourg-verlag.de

Lektorat: Anne Lennartz
Herstellung: Tina Bonertz
Titelbild: thinkstockphotos.de
Einbandgestaltung: hauser lacour
Gesamtherstellung: freiburger graphische betriebe GmbH & Co. KG, Freiburg

Dieses Papier ist alterungsbeständig nach DIN/ISO 9706.

ISBN   978-3-486-58590-2
eISBN   978-3-486-71778-5

Vorwort

It is not the strongest of the species, that survive, nor the most intelligent, but the most responsive to change.
Charles Robert Darwin (1809–1882)

If you can't describe what you are doing as a process, you don't know what you're doing.
William Edwards Deming (1900–1993)

Das Thema „Geschäftsprozessmanagement" ist vor dem Hintergrund verschärfter Wettbewerbsbedingungen im In- und Ausland sowie einer zunehmenden Volatilität der ökonomischen Indikatoren für Unternehmen aktueller denn je. Gleichzeitig hat die Einführung des Bachelor-Master-Systems im Rahmen des Bologna-Prozesses an den Hochschulen und Universitäten zu einem Bedarf an Lehrbüchern geführt, die den umfangreichen Stoff eines Fachgebiets kompakt und vollständig behandeln.

Aus dieser Intention heraus verfolgt die vorliegende Schrift zwei grundlegende Ziele:

1. Sie ist einerseits als Lehrbuch für **Studierende der Wirtschaftswissenschaften, des Wirtschaftsingenieurwesens und der (Wirtschafts-) Informatik** gedacht und bietet dementsprechend eine gleichermaßen detaillierte und strukturierte Einführung in die Thematik.

2. Andererseits richtet sich das Buch an den **betrieblichen Praktiker**, der sich über die grundsätzlichen Konzepte und Methoden bei der Gestaltung von Geschäftsprozessen und deren Implementierung in integrierten Standardsoftwaresystemen informieren möchte.

Zu diesem Zweck werden nicht nur die theoretischen Grundlagen vermittelt, sondern diese auch mit zahlreichen Beispielen veranschaulicht. Für die Vertiefung der verschiedenen Problemfelder dienen zudem Literaturhinweise, die bei Interesse ein weitergehendes Studium ermöglichen.

Wir sind für Anregungen und konstruktive Verbesserungsvorschläge jederzeit dankbar. Sie erreichen uns per E-Mail unter {palleduhn | neuendorf}@dhbw-mosbach.de.

Unser Dank gilt dem Oldenbourg-Verlag und insbesondere Frau Anne Lennartz für die angenehme und geduldige Zusammenarbeit bei der Entstehung dieses Buches.

Heidelberg, im Frühjahr 2013

Dirk Uwe Palleduhn
Herbert Neuendorf

Inhalt

1 Allgemeine Grundlagen

1.1 Übersicht

Prozesse sind logisch zusammenhängende Abfolgen von ergebnisorientierten Tätigkeiten, mit deren Ausführung ein bestimmtes Ziel verfolgt wird. Sie haben einen Anfang und ein Ende, wiederholen sich in gleicher oder ähnlicher Form und liefern einen verwertbaren Output.

In diesem allgemeinen Sinn ist jedes Lebewesen oder biologische System ebenso in Prozesse eingebunden wie künstlich geschaffene Institutionen.

Beispiel
Ein Beispiel aus dem Wirtschaftsbereich sind Industrieunternehmen, die auf den Beschaffungsmärkten Dienstleistungen und Produkte kaufen, diese im Rahmen ihrer Produktion kombinieren und die hieraus resultierenden Leistungen auf den Absatzmärkten verkaufen. Parallel zu diesen grundsätzlichen Aktivitäten gibt es noch administrative Prozesse, deren Aufgabe die Verwaltung der eingesetzten Ressourcen ist, z.B. im Hinblick auf die Mitarbeiter oder die Betriebs- und Produktionsmittel.

In diesem Lehrbuch stehen **Abläufe mit einem betriebswirtschaftlichen Fokus** im Mittelpunkt der Betrachtung.

1.2 Prozess und Transformation

1.2.1 Begriffsabgrenzungen

Der Terminus „Prozess„ bzw. „Geschäftsprozess" wurde in der wissenschaftlichen Betriebswirtschaftslehre schon zu Beginn des 20. Jahrhunderts implizit verwendet (vgl. hierzu die überblicksartige Darstellung der prozessorientierten Organisationslehre in [Gaitanides (2012), S. 9–46]). Allerdings gibt es bislang **keine allgemein anerkannte Definition**. Dementsprechend finden sich in der einschlägigen Literatur zahlreiche Abgrenzungen, von denen nachfolgend vier exemplarisch aufgeführt sind (vgl. Abbildung 1.1).

Begriffsabgrenzung	Quelle
„Ein **Geschäftsprozess** ist eine zielgerichtete, zeitlich-logische **Abfolge von Aufgaben**, die arbeitsteilig von mehreren Organisationen oder Organisationseinheiten unter Nutzung von Informations- und Kommunikationstechnologien ausgeführt werden können. Er dient der Erstellung von Leistungen entsprechend den vorgegebenen, aus der Unternehmensstrategie abgeleiteten Prozesszielen."	[Gadatsch (2010), S. 41]
„Der Begriff „**Prozess**" kommt aus dem lateinischen „procedere", das sich mit voranschreiten, vorrücken, vorwärts gehen oder vorankommen übersetzen lässt. Ein „Prozess", von dem im Weiteren die Rede sein wird, beinhaltet eine Abfolge voranschreitender Aktivitäten, d.h. Arbeitsschritten bzw. Transformationen materieller oder immaterieller Art innerhalb einer Organisation."	[Gaitanides (2012), S. 3]
„We define a **business process** as a **collection of activities** that take one or more kinds of input and creates an output that is of value to the customer."	[Hammer u.a. (1993), S. 35]
„Ein **Geschäftsprozess** besteht aus einer zusammenhängenden abgeschlossenen **Folge von Tätigkeiten**, die zur Erfüllung einer betrieblichen Aufgabe notwendig sind. Die Tätigkeiten werden von Aufgabenträgern in organisatorischen Einheiten mit ihrer Aufbau- und Ablauforganisation unter Nutzung der benötigten Produktionsfaktoren geleistet."	[Staud (2006), S. 9]

Abbildung 1.1   Begriffsabgrenzungen „(Geschäfts-) Prozess"

Demnach bestehen Prozesse generell aus Aktivitäten, die einen Input in einen Output umsetzen und somit einen (messbaren) Nutzen erbringen. Im Kontext betriebswirtschaftlicher Vorgänge dienen sie der **Wertschöpfung** und liefern damit einen unternehmerischen **Mehrwert** (vgl. Abbildung 1.2).

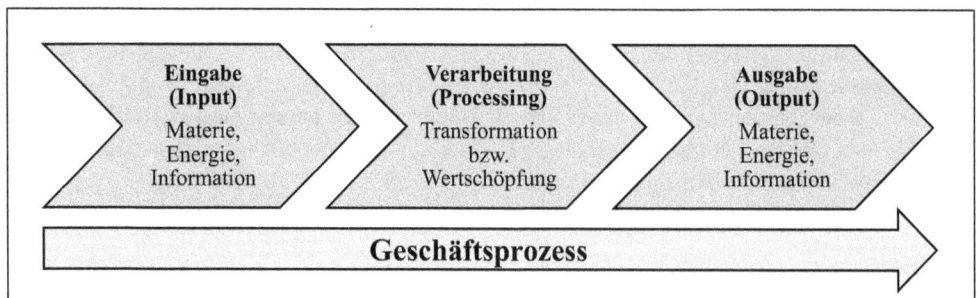

Abbildung 1.2   Prozess als wertschöpfende Transformation

Als **Input** von Geschäftsprozessen kommen ebenso wie als **Output** die drei elementaren Kategorien „**Materie**", „**Energie**" und „**Information**" zum Einsatz. Dies kann sowohl einzeln als auch in Kombination geschehen.

Beispiel
*Ein Beispiel sind Rohstoffe und Halbfabrikate (**Materie**), die im Rahmen eines Fertigungsprozesses verarbeitet werden, fossile und nachwachsende Rohstoffe (**Energie**) zur Durchführung der eigentlichen Produktion und Planungswerte (**Information**) zu deren operativer Steuerung. Das Resultat solcher (konvergierenden bzw. synthetischen) Kombinationsprozesse sind wiederum materielle Sachgüter und/oder immaterielle (Dienst-) Leistungen.*

Aufgrund dieser Klassifikation ist prinzipiell eine Unterscheidung in **Güter- und Informationsprozesse** sinnvoll. Während erstere Material in stoffliche Güter umsetzen, transformieren letztere Daten in Informationen (vgl. [Schmidt (2002), S. 11]). Der resultierende Material- und/oder Informations-Output kann wiederum als Material- und/oder Informations-Input in den nächsten Teilprozess eingehen.

Bei vielen industriellen Prozessen liegt dementsprechend ein Netzwerk bzw. eine **Kette von abwechselnden Güter- und Informationsprozessen** vor. So folgt etwa auf die immaterielle Bestellung bei einem Lieferanten (*Information*) der physische Wareneingang in das Lager (*Material*), der wiederum die logische Änderung des wertmäßigen Lagerbestands für die Zwecke des internen und externen Rechnungswesens (*Information*) nach sich zieht.

1.2.2   Merkmale von Prozessen

Allen Geschäftsprozessen gemeinsam ist das grundlegende **Merkmal der Zweckerfüllung** zur Erreichung der Unternehmensziele durch Wertschöpfung. In der Regel beginnen und enden sie bei einem **unternehmensinternen- oder -externen Kunden**. Dies kann ein Auftraggeber in Form einer natürlichen oder juristischen Person oder auch ein Folgeprozess sein.

Geschäftsprozesse lassen sich als betriebliche Abläufe somit wie folgt charakterisieren:

1. Sie laufen innerhalb der vorgegebenen **Rahmenbedingungen** eines Unternehmens und seiner Umwelt ab.

2. Mit der Abwicklung von Geschäftsprozessen wird jeweils ein bestimmtes **Ziel** verfolgt.

3. Sie haben einen **Input** und einen **Output**.

4. Geschäftsprozesse dienen letztlich der **Wertschöpfung**, d.h. sie liefern betriebswirtschaftliche Leistungen und orientieren sich damit an unternehmensinternen und/oder -externen Bedarfen.

5. Sie bestehen aus einer Folge von **Aktivitäten** und **Entscheidungen** mit dem Ziel, die gewünschte Leistung zu erbringen.

6. Geschäftsprozesse sind **ereignisorientiert**. Sie werden durch ein Starterereignis ausgelöst (*z.B. den Auftrag eines Kunden*) und enden mit einem Zielereignis (*z.B. dem Versand des bestellten Produktes an den Kunden*). Innerhalb eines Gesamtprozesses erfolgt auch

die Initiierung jedes einzelnen Schritts bzw. jeder Funktion durch ein Ereignis und hat ein Ereignis zur Folge, durch das wiederum der nächste Prozessschritt angestoßen wird.

7. Sie werden typischerweise von mehreren Personen oder Organisationseinheiten **arbeitsteilig** durch meist zahlreiche einzelne Arbeitsschritte verrichtet. Ein komplexer Gesamtprozess kann demnach aus mehreren Teilprozessen bestehen.

8. Geschäftsprozesse können **mehrfach ablaufen** und sich damit (auch in unterschiedlicher Form) wiederholen.

9. Geschäftsprozesse benötigen **Ressourcen** (Materie, Energie, Information und Zeit).

10. Sie können abteilungsintern oder bereichsübergreifend sowie generell inner- und/oder zwischenbetrieblich konzipiert sein.

Ein Geschäftsprozess stellt demnach eine strukturierte, zeitlich und logisch zusammengehörige Abfolge von Unternehmensaktivitäten mit klar definierten Anfangs- und Endpunkten dar. Er kombiniert Ressourcen und zu bearbeitende Objekte als Input mit dem Ziel, eine bestimmte Leistung als Output zu erstellen.

Um die Qualität von betrieblichen Abläufen messen und beurteilen zu können, ist es unabdingbar, geeignete Kriterien bzw. Merkmale festzulegen, die sich auf die **Wirtschaftlichkeit** bzw. das **Verhältnis von Output zu Input** und/oder auf einzelne Prozessschritte beziehen. Dies können einerseits quantitative Kosten- und Erlös- sowie Mengen und Zeitgrößen sein. Andererseits kommen hierfür auch qualitative Merkmale wie etwa die Zuverlässigkeit einer erstellten Leistung in Betracht.

1.3   Darstellungsebenen

Komplexe Geschäftsprozesse lassen sich auf unterschiedlichen Abstraktionsebenen bzw. mit einem mehr oder weniger hohen **Detaillierungsgrad** beschreiben (vgl. [Thonemann (2005), S. 149]). So bilden Hauptprozesse die Unternehmensabläufe auf einem sehr hohen Aggregationsniveau ab. Hierbei werden die Informationen in aggregierter und damit komprimierter Form dargestellt.

Um ein aktives Geschäftsprozessmanagement betreiben und die betrieblichen Abläufe optimieren zu können, müssen die **Hauptprozesse** weiter in ihre jeweiligen **Teilprozesse** untergliedert werden. Eine noch detailliertere Zerlegung dieser Teilprozesse in Sub- oder Elementarprozesse führt zur untersten Ebene der Prozessbeschreibung. **Subprozesse** sind die kleinsten als Prozesse identifizierbaren Unternehmensabläufe. In ihnen werden elementare Funktionen ausgeführt, die keinen eigenständigen Prozess darstellen und deren weitere Untergliederung weder sinnvoll noch möglich ist (vgl. Abbildung 1.3).

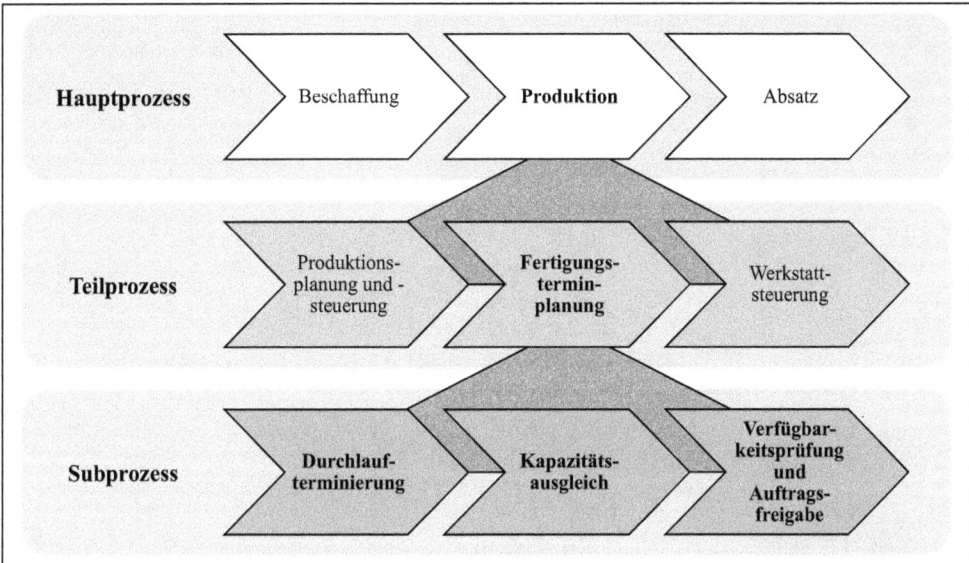

Abbildung 1.3 Detaillierungsgrad von Prozessen am Beispiel des Produktionssektors (Vereinfachte Darstellung)

Beispiel
*Den **Produktionsprozess** kann man zur Komplexitätsreduktion der anfallenden Tätigkeiten in die untergeordneten Abläufe „Produktionsplanung und -steuerung", „Fertigungsterminplanung" und „Werkstattsteuerung" aufteilen. Bei der **Fertigungsterminplanung** müssen die im vorangegangenen Schritt geplanten Produkte und jeweiligen Mengen zeitlich disponiert werden. Hierfür bedarf es einer **Durchlaufterminierung** sowie einem anschließenden **Kapazitätsausgleich**, um nach der **Verfügbarkeitsprüfung** die Produkte im Rahmen der **Auftragsfreigabe** in die Fertigung einsteuern und damit herstellen zu können (zu einer ausführlichen Darstellung der im Produktionssektor auszuführenden Funktionen vgl. z.B. [Mertens (2009), S. 116–186]).*

Auf die unternehmensbezogene Umsetzung der bislang nur abstrakt dargestellten Grundkonzepte der konstitutiven Merkmale von Geschäftsprozessen wird in Kapitel zwei näher eingegangen.

2 Geschäftsprozesse in Unternehmen

2.1 Übersicht

Einer der wichtigsten Faktoren für den langfristigen Erfolg eines Unternehmens ist die gleichermaßen effektive (zielorientierte) und effiziente (wirtschaftliche) Abwicklung der Geschäftsprozesse. Hieraus ergibt sich die Notwendigkeit, betriebliche Abläufe zu modellieren, zu analysieren und gegebenenfalls neu zu gestalten.

Allerdings haben nicht alle Prozesse einen gleichen Einfluss auf den wirtschaftlichen Erfolg. Die Unternehmensleitung muss sich demzufolge auf diejenigen Abläufe konzentrieren, die von strategischer Relevanz sind. In marktwirtschaftlichen Systemen gilt es prinzipiell, unrentable Investitionen zu vermeiden und alle knappen Ressourcen ökonomisch sinnvoll einzusetzen. Aus diesem Grund ist eine Klassifikation der verschiedenen Abläufe nach ihrer jeweiligen Priorität zweckmäßig.

2.2 Merkmale von Unternehmen

Im Hinblick auf das Geschäftsprozessmanagement sind folglich die Begriffe „**Kernkompetenz**" und „**Kernprozess**" von elementarer Bedeutung. Wenngleich der Wettbewerb zwischen Unternehmen über deren Produkte und Dienstleistungen erfolgt, stehen dahinter Kompetenzen und Informationen, die in die Gestaltung der Abläufe zur Erbringung der angebotenen Leistungen einfließen.

Bei einer zielorientierten Klassifikation der Abläufe nach ihrem direkten oder indirekten Beitrag zur eigentlichen Wertschöpfung eines Unternehmens gelangt man zu den Kategorien „**Führungs-, Kern- und Unterstützungsprozesse**" (vgl. Abbildung 2.1). Während erstere die Planungs-, Steuerungs- und Kontrollaufgaben auf der strategischen, taktischen und operativen Ebene umsetzen, haben letztere eine Dienstleistungsfunktion mit dem Ziel einer effizienten Abwicklung der originären Abläufe.

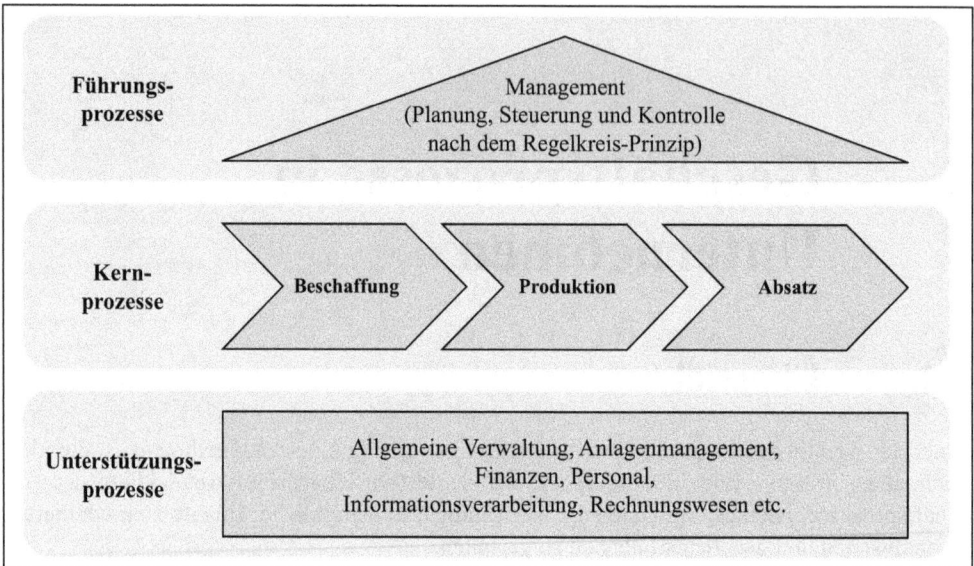

Abbildung 2.1   Führungs- Kern- und Unterstützungsprozesse

Das besondere **Merkmal von Kernprozessen** ist ihre branchen- und unternehmensspezifische Gestaltung. Sie unterscheiden sich von den entsprechenden Abläufen vergleichbarer Unternehmen und sind häufig nur schwer imitierbar, da sie firmenspezifisches (Erfahrungs-) Wissen und damit Kernkompetenzen beinhalten.

2.2.1   Unternehmenszweck und -ziel

Ein profitorientiertes Unternehmen ist kein Selbstzweck. Vielmehr wird damit ein bestimmtes Ziel verfolgt, das seinen Eigentümern einen wirtschaftlichen **Nutzen in Form von geldlichem Ertrag** einbringen soll.

Auch wenn diese rein ökonomische Betrachtungsweise mit dem Fokus auf dem operativen **Gewinn** zunächst sehr eindimensional erscheinen mag, ist sie doch unabdingbare Voraussetzung für die strategische Existenzsicherung eines Unternehmens. Dementsprechend muss der erzielte **Umsatz** langfristig höher als die angefallenen **Kosten** sein bzw. die monetär bewerteten Leistungen müssen den zu ihrer Erstellung notwendigen Güterverzehr wertmäßig übertreffen.

Letzterer erfolgt durch die Transformation von Materie, Energie und Information in den Geschäftsprozessen. Wenn es demnach gelingt, diese Abläufe effizient und damit kostengünstig zu gestalten, wird hierdurch die originäre Intention des Unternehmens positiv unterstützt.

Allerdings hängt die konkrete Implementierung der auszuführenden Prozesse von den makro- und mikroökonomischen Rahmenbedingungen ab, in denen sie ablaufen. Privatwirtschaftliche Unternehmen können gleichwohl nur letztere in vorgegebenen Grenzen beeinflussen, indem sie z.B. die organisatorischen Gegebenheiten ihren Anforderungen und Vorstellungen entsprechend gestalten.

2.2.2   Unternehmensorganisation

Die betriebswirtschaftliche **Organisationstheorie** und die hieraus abgeleiteten Handlungsempfehlungen für die unternehmerische Praxis sind sehr vielschichtig und oftmals an bestimmte Voraussetzungen gebunden. Aus diesem Grund werden in den folgenden Kapiteln nur die elementaren Konzepte, die für ein Verständnis der Prozessorientierung notwendig sind, überblicksartig dargestellt. Für eine detaillierte Darstellung sei auf die umfangreiche Literatur zu dieser Thematik verwiesen (vgl. z.B. [Kosiol (1975)], [Laux u.a. (2005)], [Schreyögg (2008)], [Specht u.a. (2005)]).

Organisation ist z.B. nach Specht u.a. die „zielgerichtet ordnende Gestaltung" eines Unternehmens, so dass seine Bestandteile die gesetzten Ziele dauerhaft erreichen (vgl. [Specht u.a. (2005), S. 70]). Dabei werden die Unternehmensziele durch die Unternehmensleitung vorgegeben, während die **Organisation der Rahmen** ist, in welchem sich das Erreichen der Ziele praktisch vollzieht.

Beispiel
*1972 gründeten fünf ehemalige IBM-Mitarbeiter das Unternehmen **SAP** (Systeme, Anwendungen und Produkte in der Datenverarbeitung) als Gesellschaft des bürgerlichen Rechts (GbR). Im Laufe der nächsten Jahre wuchs das Unternehmen sehr schnell und wurde infolgedessen 1976 in eine Gesellschaft mit beschränkter Haftung (GmbH) überführt. 1988 erfolgte schließlich die Umwandlung in eine Aktiengesellschaft (AG).*

Die Änderungen der Rechtsform waren u.a. eine Folge der positiven Entwicklung. In den Anfangsjahren hatte das Unternehmen nur wenige Produkte sowie eine überschaubare Anzahl an Kunden und Mitarbeitern. Heute bietet es ein umfangreiches Lösungsportfolio für betriebswirtschaftliche IT-Anwendungen an und beschäftigt weltweit ca. 55.500 Mitarbeiter (vgl. [SAP AG (2012 – Geschichte)] sowie [SAP AG (2012 – Unternehmen)]).

Ein derartiger Wandel bedingt naturgemäß auch Veränderungen in der Organisation. Während ein kleines Unternehmen, das ausschließlich regional oder national tätig ist, relativ wenige Organisationseinheiten benötigt, muss ein global agierender Konzern mit Tochterunternehmen, assoziierten Unternehmen und sonstigen Beteiligungsunternehmen anders strukturiert sein, um z.B. den Rahmenbedingungen auf den Absatzmärkten in den verschiedenen Ländern gerecht zu werden. Die Organisation eines Unternehmens kann somit von dessen historischer Entwicklung und/oder den beschaffungs-, produktions- oder absatzbezogenen Merkmalen geprägt sein.

2.2.2.1   Aufbauorganisation (Elemente und Strukturen)

Die Aufbauorganisation bestimmt durch ein System von Organisationseinheiten und darin festgelegten Weisungsbefugnissen (top-down) sowie Berichtspflichten (bottom-up) die statische und damit (langfristig) **dauerhafte Struktur** von Unternehmen. Organisationseinheiten können z.B. Abteilungen, Bereiche und/oder Stellen sein. Das Funktionieren der Organisation wird mittels einer Regelung aller Aufgaben, Rechte und Pflichten (Organisationsanweisungen) der verschiedenen Elemente gewährleistet. Hierdurch entsteht eine klar definierte und meist auch in Organigrammen und Stellenbeschreibungen dokumentierte Hierarchie.

Bei der Gestaltung der Aufbauorganisation gibt es prinzipiell zwei Ansätze:

1. **Funktions- bzw. Verrichtungsprinzip**
   Das Funktionsprinzip strukturiert ein komplexes System nach den zu erfüllenden Aufgaben bzw. deren Inhalten, wobei jede Stelle nur einer einzigen Instanz untergeordnet ist (Einliniensystem). Hierdurch sind die Entscheidungs- und Kommunikationswege zwischen den verschiedenen Ebenen klar geregelt (vgl. Abbildung 2.2).

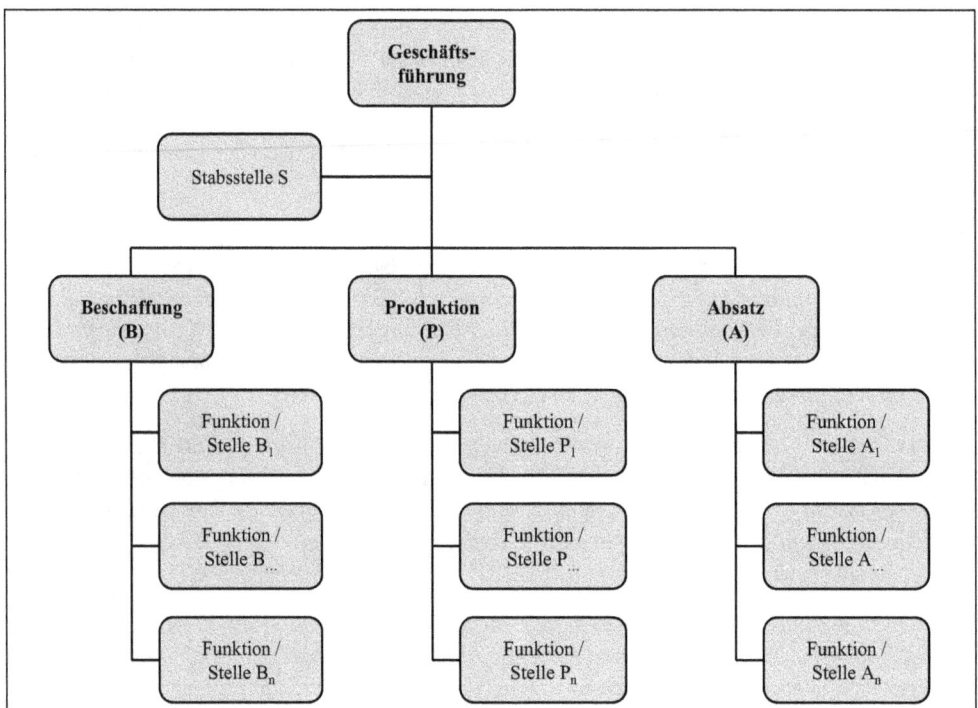

Abbildung 2.2   Funktions- bzw. Verrichtungsprinzip

Die Gestaltung der Anordnungsbeziehungen kann entweder „von oben nach unten" (**top-down**) oder „von unten nach oben" (**bottom-up**) erfolgen:

- **Top-down-Ansatz (Analytische Vorgehensweise)**
  Bei dieser Variante wird eine Aufgabe systematisch in zunehmend kleinere Einheiten zerlegt, bis die resultierenden Pakete von Arbeitsgruppen oder Einzelpersonen

sinnvoll bewältigt werden können. Sie entspricht explizit der menschlichen Arbeitsweise bei der Lösung von komplizierten Problemen.

Im Extremfall realisiert die analytische Dekomposition von Aufgaben und Tätigkeiten die Prinzipien des **Taylorismus**. Hierbei sind die Funktionen auf der untersten Ausführungsebene in minimalistische Einzelschritte zerlegt und die anzuwendenden Arbeitsmethoden detailliert vorgegeben (für eine Darstellung des Taylorismus vgl. z.B. [Hebeisen (1999)]).

- **Bottom-up-Ansatz (Synthetische Vorgehensweise)**
  Wenn man von „unten nach oben" vorgeht, werden die identifizierten Aufgaben von Arbeitsgruppen oder Einzelpersonen schrittweise zu größeren Paketen zusammengefasst und hierdurch übergeordnete Einheiten gebildet.

Die „objektiv richtige" Vorgehensweise gibt es in diesem Zusammenhang nicht, so dass in der betrieblichen Praxis beide Varianten zum Einsatz kommen.

Probleme entstehen tendenziell immer dann, wenn bestimmte Aufgaben nicht eindeutig mit anderen Tätigkeiten zu einer Gruppe zusammengefasst werden können, da sie inhaltlich ebenso gut einer anderen Klasse zuordenbar sind. Dies ist in der Betriebswirtschaftslehre häufig der Fall. Wenn dem nicht so wäre, gäbe es theoretisch für jede Kombination aus **Branche**, **Betriebstyp** und **Größe** sowie den beschaffungs-, produktions- und absatzbezogenen Merkmalen jeweils immer „**die optimale Aufbauorganisation**", die auf jedes Unternehmen universell anwendbar wäre. Die betriebliche Praxis ist jedoch gleichermaßen historisch bedingt, evolutionär, dynamisch und komplex (vgl. hierzu das einführende Praxisbeispiel oben).

Aus diesem Grund sind u.a. auch betriebswirtschaftliche Standardsoftwaresysteme in der Regel so gestaltet, dass sie an ein Unternehmen angepasst und dazu im Rahmen der Einführung und des laufenden Betriebs über Customizing- bzw. Parametereinstellungen umfangreich konfiguriert werden können (vgl. Kapitel 5.3.1.1).

2. **Objektprinzip**
Beim Objektprinzip betrachtet man primär die zu bearbeitenden Instanzen (z.B. Kunden oder Produkte) und erst anschließend die hierfür notwendigen Funktionen. Die materiellen und immateriellen Objekte stehen dabei im Mittelpunkt, da sie letztlich Träger der betrieblichen Leistung sind, und nicht die Verrichtungen, die zu ihrer Erstellung führen.

Beispiel
Ein Beispiel aus dem Sektor „Produktion" im Hinblick auf den Organisationstyp ist die **Fließfertigung***, bei welcher die Arbeitsobjekte in einer zuvor genau festgelegten Reihenfolge von einer Bearbeitungsstation zur nächsten bewegt werden.*

Der Prozessorientierung liegt vorrangig das Objektprinzip zugrunde. Allerdings ist es für eine anschauliche Darstellung der Hierarchieebenen und Berichtswege nur bedingt geeignet, so dass für die Beschreibung von Unternehmensstrukturen die funktionsorientierte über die objektorientierte Betrachtung dominiert.

Eine übergeordnete Möglichkeit bei der Gestaltung der Aufbauorganisation ist die Klassifikation nach Regionen (vgl. Abbildung 2.3). Diese erfolgt z.B. nach geographischen, kulturellen und sprachlichen Merkmalen, um die jeweiligen Beschaffungs- und Absatzmärkte unter Berücksichtigung ihrer spezifischen Anforderungen und Eigenheiten optimal bearbeiten zu können. Hierbei werden etwa die Regionen NA (North America) und LA (Latin America) oftmals noch zu einer übergeordneten Einheit AM (Americas) zusammengefasst.

Kurzbezeichnung	Länder / Regionen
AP	Asia Pacific
DACH	D (Deutschland), A (Österreich), CH (Schweiz)
EMEA	Europe, Middle East, Africa
LA	Latin America (Mittel- und Südamerika)
NA	North America (Vereinigte Staaten von Amerika und Kanada)

Abbildung 2.3   Länder und Regionen

Wenn man das Funktions- mit dem Objektprinzip kombiniert, gelangt man zu einer **Matrixorganisation** (vgl. Abbildung 2.4). Das wesentliche Kennzeichen dieser zweidimensionalen Mehrlinienstruktur sind die binären Weisungs- und Berichtsbeziehungen, da jeder Knoten in zwei Hierarchiefolgen eingebunden ist.

Beispiel
Eine Aufbauorganisation könnte einerseits nach Funktionen (z.B. Beschaffung, Produktion, Absatz) und anderseits nach Objekten (z.B. Produkte, Produktgruppen, Regionen) strukturiert sein. Die Mitarbeiter wären damit sowohl dem Leiter der funktionalen Einheit als auch dem Objektverantwortlichen untergeordnet (vgl. Abbildung 2.4).

Um Koordinationsprobleme infolge der bestehenden Überschneidungen zu vermeiden, sind die Weisungsbefugnisse oftmals auf eine Linie beschränkt und die Mitarbeiter hierdurch nur einer Instanz disziplinarisch unterstellt. Für den Einsatz des Mitarbeiters erfolgt dann eine Abstimmung zwischen den beiden Linienverantwortlichen, wobei die zweite Linie die fachliche Leitung übernehmen kann.

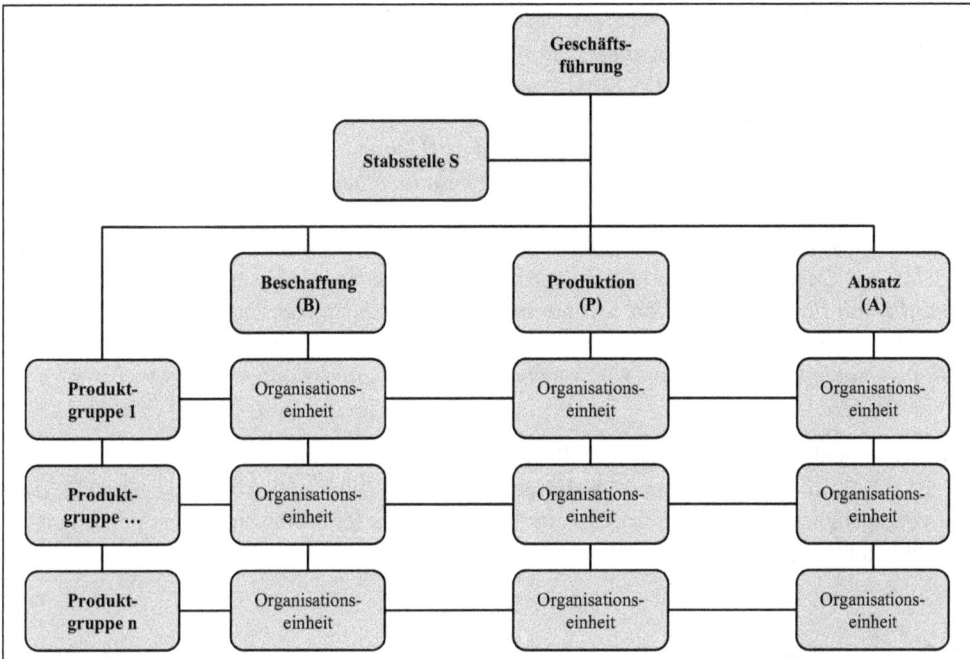

Abbildung 2.4 Matrixorganisation

2.2.2.2 Ablauforganisation (Funktionen und Prozesse)

Die Ablauforganisation regelt das dynamische Zusammenwirken von Menschen, Kapazitäten (z.B. Maschinen), Informationen und Material, um die erforderlichen Arbeitsabläufe (Aktivitäten) zu definieren, durch die Leistungen des Unternehmens für interne oder externe Kunden hervorgebracht werden (vgl. [Specht u.a. (2005), S. 71]). Es handelt sich dabei also um den Einsatz und die **Transformation von Materie, Energie und Information** zum Zwecke der Wertschöpfung.

Im Unterschied zur Aufbauorganisation gibt es für diesen Gestaltungsbereich validierte Geschäftsprozesse, die sich im Hinblick auf bestimmte Unternehmensbranchen und -typen als effizient und sinnvoll erwiesen haben. Sie können dementsprechend als **Referenzmodell** genutzt werden (vgl. Kapitel 3.2.3.1und Kapitel 4.1).

Letzteres gilt insbesondere für Abläufe, die strengen gesetzlichen Vorschriften unterliegen, z.B. im chemischen oder pharmazeutischen Umfeld. Abweichungen von allgemeingültigen Standards oder Nachlässigkeiten bei der Abwicklung dieser Geschäftsprozesse können fatale gesundheitliche und ökologische sowie rechtliche, politische und/oder wirtschaftliche Auswirkungen zur Folge haben. Aus diesem Grund setzt man bei derartigen Abläufen häufig auf bewährte Vorgehensweisen oder ist gesetzlich bzw. „informell" aufgrund von Vorgaben der Abnehmer sogar dazu verpflichtet.

Beispiel

*Die **Food** and **Drug** **Administration** (FDA) ist eine US-amerikanische Behörde, welche dem Ministerium für Gesundheit (US Department of Health and Human Services) untersteht. Zu ihren Aufgaben zählen der Schutz der öffentlichen Gesundheit durch die Zulassung von Produkten mit einem biologischen Hintergrund (u.a. Human- und Tierarzneimittel, Impfstoffe, Kosmetika, medizinische Geräte) sowie die Lebensmittelüberwachung (u.a. Tabakprodukte). Zu diesem Zweck veröffentlicht die Institution detaillierte Vorschriften, die bei der Herstellung der genannten Produkte einzuhalten sind. In der Folge müssen sämtliche in den USA zugelassenen Medikamente und Medizinprodukte bei (Pharma-) Herstellern gefertigt worden sein, die von der FDA inspiziert wurden und deren Produktionsanlagen und Geschäftsprozesse den Regulatorien entsprechen (vgl. [FDA (2012)]). Daneben gibt z.B. die Europäische Union verschiedene Richtlinien vor, welche für ihre Mitgliedsstaaten verbindlich sind (vgl. [EU (2010)]).*

Im Zusammenhang mit derartigen Auflagen verwendet man oftmals die Begriffe „**Compliance**" (Deutsch: Beachtung) und „**Validierung**". Damit wird zum Ausdruck gebracht, dass die vorgegebenen Regeln eingehalten („beachtet") und dieser Tatbestand bzw. Vorgang auch tatsächlich überprüft („validiert") wurde.

2.3   Prozessorientierung

2.3.1   Integrative Betrachtung

Die Aufbau- und die Ablauforganisation eines Unternehmens repräsentieren zwei unterschiedliche und komplementäre Sichtweisen auf ein- und denselben Sachverhalt. Sie bilden keinen Gegensatz, sondern stehen in Wechselwirkung miteinander.

Beispiel

*Als Beispiel seien die Maschinen in einer Produktionshalle (= **Elemente**) und deren räumliche Anordnung (= **Strukturen**) genannt. Diese hat entscheidenden Einfluss auf die Entfernungen und möglichen Transportwege zwischen den verschiedenen Bearbeitungsstationen (= **Funktionen** und **Prozesse**).*

So ist etwa bei einer Fließfertigung der Weg der Arbeitsobjekte (z.B. Materialien und Werkstücke) im Vorhinein festgelegt, während er bei einer Werkstattfertigung für jedes Teil individuell bestimmt werden kann. Beide Organisationsformen haben bestimmte Vor- und Nachteile und sind dementsprechend situationsabhängig bzw. kontextsensitiv zu bewerten.

Es wird deutlich, dass die **Elemente und Strukturen der Aufbauorganisation** die **Funktionen und Prozesse der Ablauforganisation** nachhaltig und immanent determinieren. Bei einer prozessorientierten Herangehensweise betrachtet man die beiden Perspektiven gleichsam simultan (vgl. Abbildung 2.5).

Die Sicht auf ein Unternehmens als Prozessorganisation hat für viele Unternehmen gegenwärtig noch die Bedeutung einer ebenso innovativen wie abstrakten und theoretischen Idee, welche es langfristig umzusetzen gilt. Wie dies konkret realisiert werden kann, ist jedoch oftmals nicht eindeutig klar.

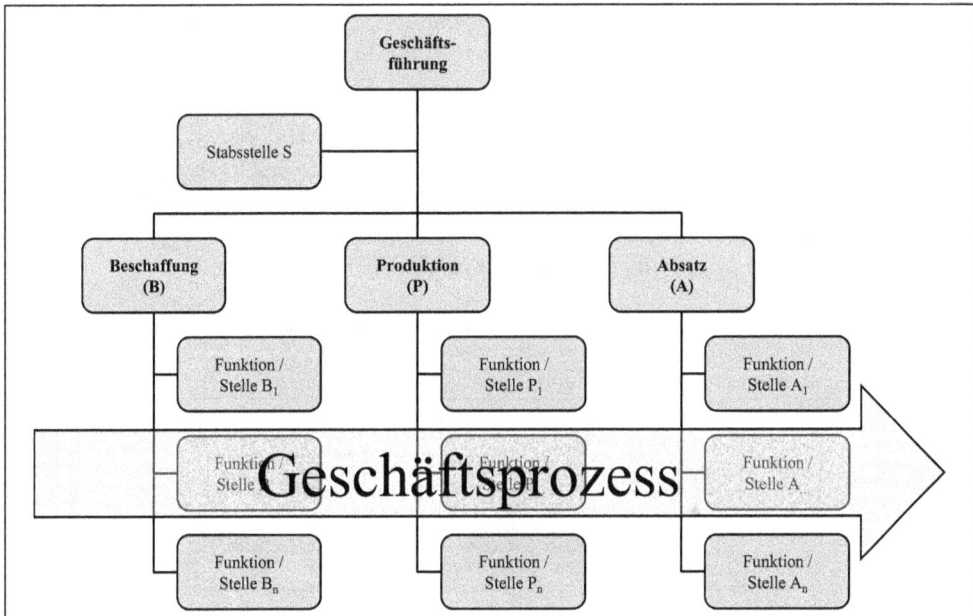

Abbildung 2.5   Funktionen und Prozesse

In einem System der freien Marktwirtschaft zählt für ein Unternehmen langfristig nur der ökonomische Erfolg, um sich gegenüber den Wettbewerbern behaupten zu können. Aus den oben genannten Gründen hängt dieser bei der Leistungserstellung auch von der Effizienz der Geschäftsprozesse ab. Prozessbewusstsein und Prozessqualität sind daher unabdingbare Voraussetzungen für den nachhaltigen Unternehmenserfolg. Um dies zu gewährleisten, muss die betriebliche Realität als Sammlung miteinander kooperierender Abläufe betrachtet werden (vgl. [Staud (2006), S. 19]).

In diesem Zusammenhang betonen Osterloh und Frost, dass die interne Organisationsstruktur des Unternehmens auch bestimmt, ob und wie Umweltanforderungen wahrgenommen und welche strategischen Ziele verfolgt werden. Organisationsstrukturen wirken als „Sensorium": Unternehmen mit z.B. leistungsfähigen Forschungs- und Entwicklungsabteilungen greifen neue Forschungsergebnisse eher auf (vgl. [Osterloh u.a. (2006), S. 167–168]).

Das Konzept der Prozessorientierung bedeutet dementsprechend auch keine dogmatische Starrheit. Es zielt vielmehr darauf ab, die bestehenden Abläufe im Hinblick auf ihre Marktorientierung immer wieder kritisch zu hinterfragen und gegebenenfalls neu zu strukturieren.

Bildlich kann die prozessorientierte Entwicklung eines Unternehmens nach dem Grad seiner **Geschäftsprozess-Reife (Business Process Maturity (BPM))** als Pyramide dargestellt werden (vgl. Abbildung 2.6). Je höher die Stufe in diesem Modell ist, desto weiter ist die Geschäftsprozess-Reife entwickelt.

Der Ansatz stammt von der **Object Management Group (OMG)**, einem 1989 gegründeten Konsortium führender IT-Unternehmen (u.a. Apple Inc. und IBM (International Business Machines) Corporation), dessen ursprüngliches Ziel die Entwicklung von Standards für die **Objektorientierte Programmierung (OOP)** war (vgl. [OMG (2012)]).

Im Rahmen dieser Zusammenarbeit wurden aber ebenso das (Architektur-) Konzept **CORBA (Common Object Request Broker Architecture)** für die Implementierung verteilter Anwendungen und die Modellierungs-Notation **BPMN (Business Process Model and Notation)** für die Abbildung von betrieblichen Abläufen konzipiert (vgl. z.B. [Melzer (2010), S. 74–75] und Kapitel 5.3.2.1 sowie z.B. [Allweyer (2009)]).

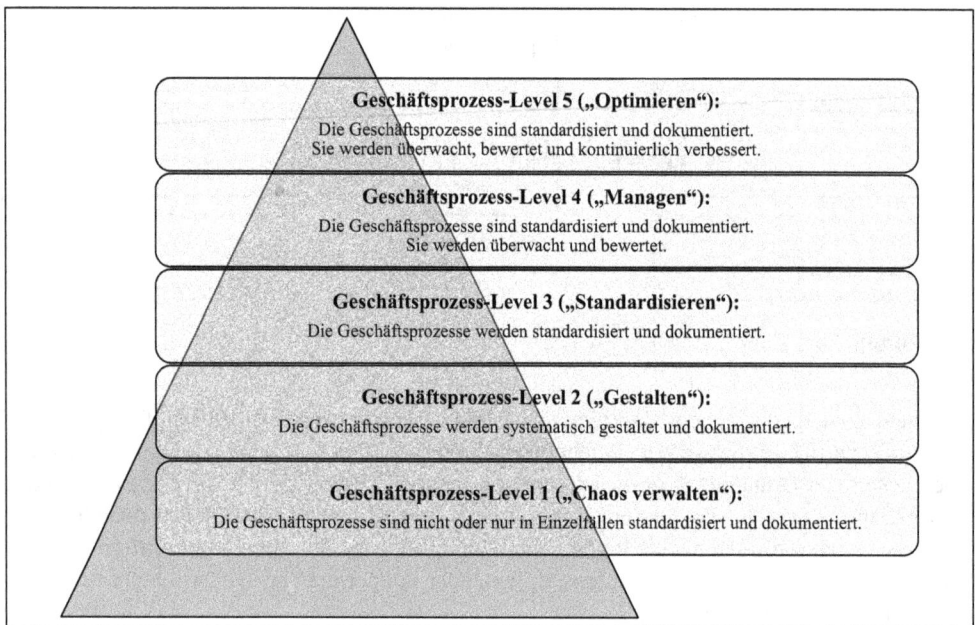

Abbildung 2.6 Entwicklung der Geschäftsprozess-Reife (Eigene Darstellung nach [OMG (2012)]

Oftmals kennzeichnen die verschiedenen Ebenen die historische Entwicklung eines Unternehmens von einer rein funktionalen bzw. abteilungs-dominierten Struktur hin zu einer prozessorientierten Organisation. Dementsprechend können auch technologische Maßnahmen zur Unterstützung der Abläufe erst ab einer bestimmten Stufe der Prozessorientierung wirksam eingesetzt werden.

2.3.2   Business Excellence

Für den englischen Begriff „Business Excellence" gibt es im deutschen Wortschatz keine eindeutige Übersetzung. Sinngemäß bedeutet der Terminus etwa „Ausgezeichneter Geschäftsbetrieb" oder „**Optimale Betriebsabläufe**". Damit soll zum Ausdruck gebracht werden, dass ein Unternehmen seine Geschäftsprozesse effizient und qualitativ hochwertig abwickelt. Insbesondere der zuletzt genannte Aspekt spielt im Rahmen eines unternehmensweiten Qualitätsmanagements („**T**otal **Q**uality **M**anagement (**TQM**)") eine wichtige Rolle (vgl. hierzu beispielsweise [Rampersad (2010)]). Dabei geht es nicht nur um die abschließende Brauchbarkeit der angebotenen Produkte und Dienstleistungen, sondern auch um die Prozesse zu deren Bereitstellung. Einem derartigen Ansatz liegt die praktische Erfahrung zugrunde, dass eventuelle Fehler und Mängel umso kostengünstiger beseitigt werden können, je früher im Leistungsprozess man sie identifiziert.

Beispiel
Ein Beispiel hierfür ist der Materialfehler im Einzelteil einer Baugruppe, die wiederum Teil einer komplexen Maschine ist. Wenn dieser Mangel erst bei einem abschließenden Integrationstest erkannt wird oder sogar noch später im laufenden Einsatz auftritt, sind damit nicht nur tendenziell höhere Fehler- und Folgekosten, sondern eventuell sogar gesundheitliche Risiken verbunden.

So musste z.B. am 04. November 2010 ein neuer Airbus A380 der australischen Fluggesellschaft Quantas Airlines in Singapur notlanden. In einem der vier Rolls-Royce-Triebwerke des größten Passagierflugzeugs der Welt war fünf Minuten nach dem Start ein Feuer ausgebrochen, das u.a. einen explosionsartigen Knall verursacht und zur Zerstörung des Triebwerks geführt hat (vgl. [FAZ GmbH (2010)]).

Die Personen an Bord kamen glücklicherweise alle mit dem Schrecken davon, aber man kann sich vorstellen, welche Auswirkungen dieser technisch bedingte Vorfall in finanzieller Hinsicht auf das Unternehmen Airbus S.A.S sowie auf das Image des Flugzeugs Airbus A380 hatte.

Um die Verbreitung und Anwendung von Qualitätsmanagement-Systemen zu fördern, wurde 1988 von vierzehn namhaften europäischen Unternehmen die **EFQM** (**E**uropean **F**oundation for **Q**uality **M**anagement) als niederländische Stiftung gegründet (vgl. [EFQM (2012 – About)]). Sie ist eine gemeinnützige Organisation mit ca. 500 Mitgliedsunternehmen, wobei die Vertretung in der Bundesrepublik durch die **D**eutsche **G**esellschaft für **Q**ualität (**DGQ**) übernommen wird.

Die EFQM propagiert den Einsatz des EFQM-Modells, das eine ganzheitliche Sicht auf Organisationen ermöglicht und sich für diesen Zweck an den besten bzw. erfolgreichsten Unternehmen orientiert (vgl. Abbildung 2.7 und [EFQM (2012 – Model)]). Es hebt sich dadurch von statischen Zertifizierungs-Normen wie etwa **ISO 9001** ab. Diese legen nur die Mindestanforderungen an ein Qualitätsmanagement-System fest, denen eine zertifizierte Organisation zu genügen hat. Im Unterschied zu diesem „Minimal-Ansatz" beinhaltet das EFQM-Modell einen „Maximal-Anspruch" und geht somit über die ISO 9001-Forderung hinaus (vgl. hierzu [DIN EN ISO 9001 (2008)]).

Exzellente Organisationen zeichnen sich laut EFQM allgemein dadurch aus, dass sie konsequent und nachhaltig um die **Zufriedenheit ihrer Interessengruppen** bemüht sind.

In seiner einfachen Form besteht das Modell aus den drei grundlegenden Säulen „Menschen", „Prozesse" und „Ergebnisse", wobei letztere aus der Kombination der beiden ersten resultieren. Die erweiterte Betrachtung ergänzt die genannten Punkte zu insgesamt neun Kriterien mit u.a. „Führung", „Politik und Strategie" sowie „Partnerschaften" und „Ressourcen" (vgl. [EFQM (2012 – Model)])

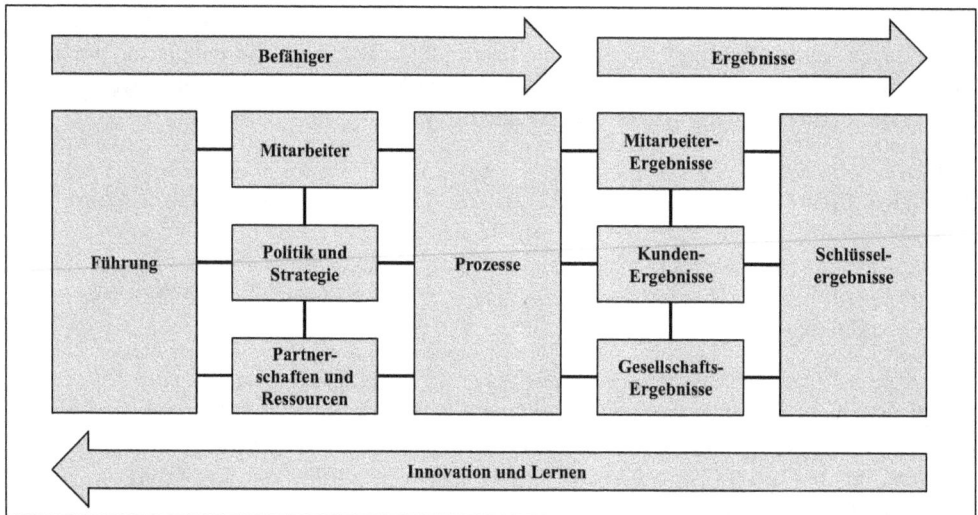

Abbildung 2.7 EFQM-Modell für Business-Excellence (Eigene Darstellung nach [EFQM (2012 – Model)]

Die neun Kriterien werden in fünf Befähiger-Eigenschaften („Enabler") und vier Ergebnis-Merkmale („Results") klassifiziert, an denen sich der wachsende Reifegrad einer Organisation erkennen lässt:

1. **Befähiger-Kriterien**
   Hierzu gehören die Merkmale „Führung", „Mitarbeiter", „Politik und Strategie", „Partnerschaften und Ressourcen" sowie „Prozesse". An ihnen werden die konkreten Bemühungen und Vorgehensweisen des Unternehmens auf dem Weg zu Business Excellence überprüft.

2. **Ergebnis-Kriterien**
   In diese Kategorie fallen alle Mitarbeiter-, Kunden und gesellschaftsbezogenen Ergebnisse und dementsprechend werden die erzielten Leistungen des Unternehmens auf dem Weg zu Business Excellence hieran gemessen.

Zwischen den Merkmalen der beiden Kategorien besteht naturgemäß eine direkte Wechselwirkung: Einerseits sind die Ergebnis-Kriterien eine Folge der Befähiger-Merkmale, ande-

rerseits werden letztere aufgrund der Resultate wiederum verbessert und führen zu Lernpro-
zessen.

Exzellente Ergebnisse bei den Mitarbeitern, Kunden und der Gesellschaft werden prinzipiell
durch exzellente Führungsleistungen erzielt. Infolgedessen gehen die Leitungs- und Ausfüh-
rungsprozesse mit dem höchsten Gewicht der Befähiger in die Bewertung der Unterneh-
mensexzellenz ein.

Für die Verbesserung des Reifegrads einer Organisation hat die EFQM auf Basis des skizzierten Modells die kreisförmige RADAR-Methodik entwickelt, die eine leichte Abwand-
lung des von Deming bzw. Shewhart konzipierten **Plan** – **Do** – **Check** – **Act** (**PDCA**)-
Zyklus darstellt (vgl. Abbildung 2.8 und [EFQM (2012 – RADAR)], [Deming (2000),
S. 88]).

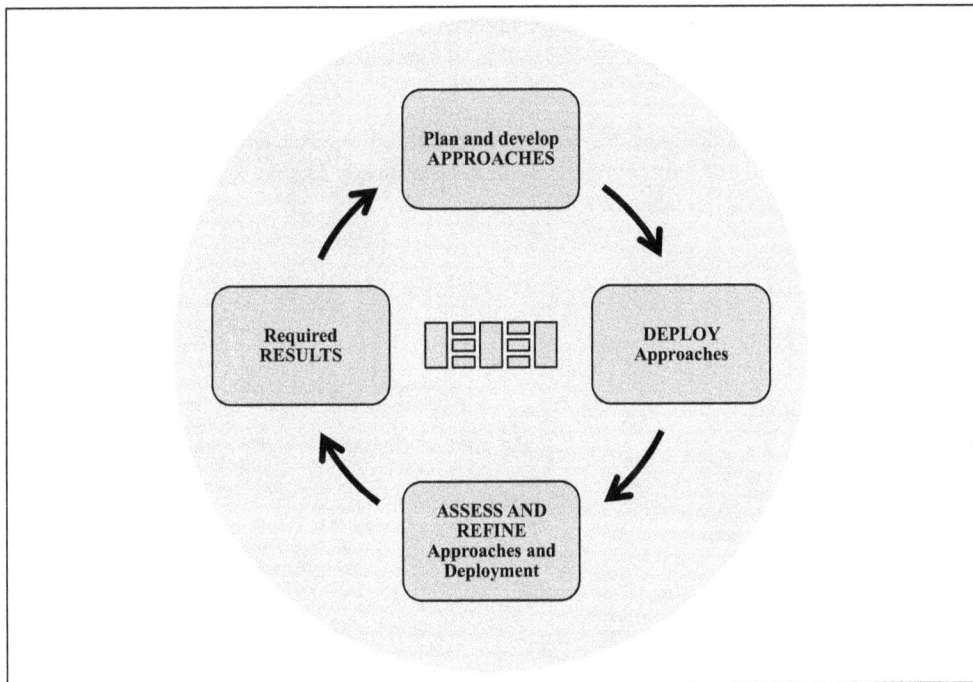

Abbildung 2.8   RADAR-Methodik (Eigene Darstellung in Anlehnung an [EFQM (2012 –
RADAR)]

Als Handlungsschritte werden hierbei die folgenden Punkte genannt:

1. **Required RESULTS**
   Die im Rahmen der vorgegebenen Strategie anvisierten Ziele bzw. Ergebnisse sind festzulegen.

2. **Plan and develop APPROACHES**

    Es soll ein konsistentes Bündel von zuverlässigen Methoden entwickelt werden, um die gewünschten Resultate sowohl in der Gegenwart als auch in der Zukunft erzielen zu können.

3. **DEPLOY Approaches**

    Die systematische Umsetzung der gewählten Methoden ist sicherzustellen.

4. **ASSESS AND REFINE Approaches and Deployment**

    Auf der Grundlage der erzielten Resultate muss eine permanente Überprüfung und Ver-feinerung der eingesetzten Methoden erfolgen, um hierdurch einen Lernerfolg und eine kontinuierliche Verbesserung zu erreichen.

Durch ein systematisches Durchlaufen des RADAR-Zyklus sollen sich Institutionen der Business Excellence über die Phasen „Grundkonzept", „Anfänge" und „Auf dem Weg" bis hin zu „Reife Organisation" immer weiter annähern. Ein wesentlicher Punkt ist hierbei die Selbstbewertung und -einschätzung gegenüber vergleichbaren Unternehmen („Benchmar-king").

Für eine detaillierte Darstellung des EFQM-Modells und der zugrundeliegenden Prinzipien und Konzepte sei auf die umfangreiche Literatur zu dieser Thematik verwiesen (vgl. z.B. [EFQM (2012 – Model)], [Hakes (2011)]).

3 Geschäftsprozessmanagement

3.1 Übersicht

Im Zeitalter der Globalisierung und des rasanten technologischen Fortschritts ändern sich die mikro- und makroökonomischen Rahmenbedingungen von Unternehmen kontinuierlich. Aus diesem Grund müssen auch die Geschäftsprozesse laufend weiterentwickelt werden. Sie dürfen nicht nur einmalig entworfen, modelliert und dokumentiert sowie eingeführt und kontrolliert werden. Vielmehr bedarf es einer permanenten Überprüfung und kritischen Analyse der betrieblichen Abläufe. Hieraus resultieren dann gegebenenfalls Anpassungsmaßnahmen, die zu noch effizienteren Prozessen führen.

Diese einmaligen und laufenden Aktivitäten werden unter dem Begriff „**Geschäftsprozessmanagement**" zusammengefasst. Hierin sind alle Tätigkeiten eingeschlossen, die eine konsequente und systematische Organisation des Unternehmens unter ablaufbezogenen Gesichtspunkten anstreben (vgl. hierzu auch die Verweise auf aktuelle Themen und Forschungsinitiativen in diesem Kontext in [Houy u.a. (2011)]).

3.2 Vorgehensweise

Klar definierte Geschäftsprozesse sind die Voraussetzung für ein erfolgreich agierendes Unternehmen. Daher muss das Prinzip der Prozessorientierung bei der Gestaltung der Abläufe auf allen Hierarchieebenen angewendet werden, wobei im Rahmen eines Projektes die folgende Vorgehensweise sinnvoll ist (vgl. hierzu auch [Scheer u.a. (2012), S. 64]):

1. **Vorbereitung (vgl. Kapitel 3.2.1)**
   a. Zielformulierung (vgl. Kapitel 3.2.1.1),
   b. Geschäftsprozess-Abgrenzung (vgl. Kapitel 3.2.1.2),

2. **Durchführung (vgl. Kapitel 3.2.2)**
   a. Geschäftsprozess-Modellierung (vgl. Kapitel 3.2.2.1),
   b. Geschäftsprozess-Implementierung (vgl. Kapitel 3.2.2.2),
   c. Geschäftsprozess-Analyse (vgl. Kapitel 3.2.2.3),

3. **Nachbereitung bzw. Verbesserung (vgl. Kapitel 3.2.3)**
   a. Geschäftsprozess-Optimierung (vgl. Kapitel 3.2.3.1),
   b. Geschäftsprozess-Restrukturierung (vgl. Kapitel 3.2.3.2).

Es lässt sich ein geschlossener Zyklus erkennen, welcher die idealtypischen Schritte „**Vorbereitung**" (Zielformulierung und Geschäftsprozess-Abgrenzung), „**Durchführung**" (Modellierung, Analyse/Design und Implementierung) sowie „**Nachbereitung**" (Optimierung und Restrukturierung) einschließt. Die Intention besteht letztlich darin, bestehende und/oder geplante Prozesse kontinuierlich zu verbessern und sie auf die operativen, taktischen und strategischen Unternehmensziele auszurichten (vgl. Abbildung 3.1).

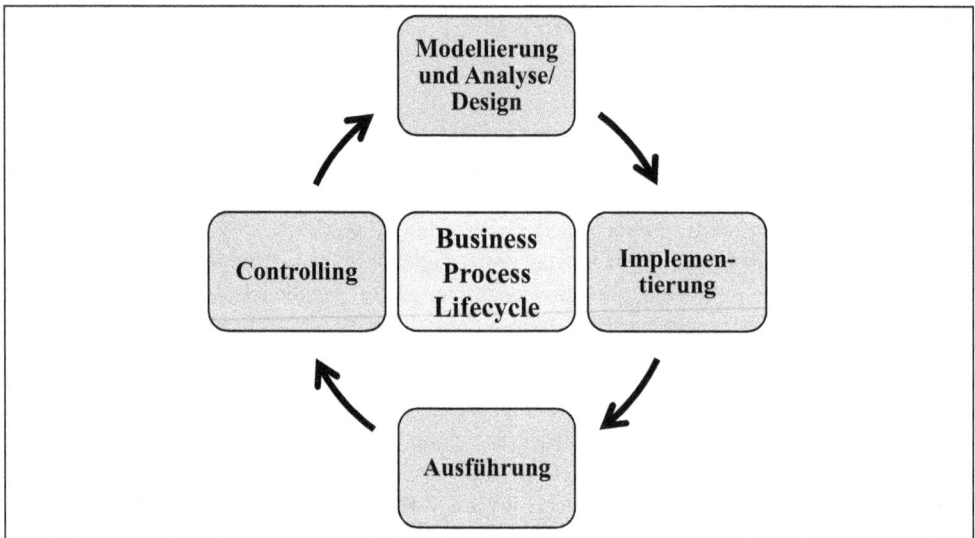

Abbildung 3.1   Business Process Lifecycle

Hierbei ist zu beachten, dass die oben genannten Schritte nicht immer in der vorgegebenen Reihenfolge durchlaufen werden. Ihre Abfolge ist vielmehr davon abhängig, welchen Grad der Geschäftsprozess-Reife ein Unternehmen erreicht hat (vgl. hierzu erneut Kapitel 2.3.1).

Beispiel
Wenn die Abläufe erstmals im Rahmen einer Ist-Analyse abgegrenzt und modelliert werden, folgen beispielsweise unmittelbar die Punkte „Analyse" sowie „Optimierung" und „Restrukturierung". Sind die Geschäftsprozesse hingegen schon implementiert, können die Schritte „Abgrenzung" und „Modellierung" übersprungen werden. Die Punkte „Optimierung" und „Restrukturierung" kommen sowohl bei der Initialaufnahme als auch bei wiederkehrenden Projekten vor.

Ein ganzheitlicher Ansatz strebt prinzipiell nicht die isolierte Optimierung von Details, sondern die zielorientierte **Verbesserung der Gesamtprozesse** an. Dazu müssen alle Mitarbeiter die Ablaufstrukturen sowie deren Logik verstehen und aktiv unterstützen. Auch ein optimal entworfener Prozess liefert nur dann gute Ergebnisse, wenn er durch die Mitarbeiter „gelebt und getragen" wird. Beim Geschäftsprozessmanagement geht es dementsprechend nicht alleine darum, Arbeitsanweisungen zu formulieren und diese stoisch auszuführen.

Ebenso ist **Geschäftsprozessmanagement nicht primär die Installation von Technik** zur computergestützten Planung, Durchführung und Kontrolle der Tätigkeiten. Wenngleich die Bedeutung der Informations- und Kommunikationstechnologien immer mehr zunimmt und diese Einfluss auf die betrieblichen Abläufe haben, sind sie doch nur Mittel zum Zweck. Der Ausgangspunkt ist prinzipiell immer die betriebswirtschaftliche Problemstellung, für die eine effiziente Lösung gefunden werden muss (vgl. Kapitel 4.2 und 4.2.2).

3.2.1   Vorbereitung

3.2.1.1   Zielformulierung

Im ersten Schritt müssen die **Formalziele** festgelegt werden, die mit einem Projekt erreicht werden sollen. Dies ist aus zwei Gründen notwendig:

1. **Projekt-Gegenstand**
    Eine Abgrenzung der zu betrachtenden Geschäftsprozesse ist nur auf der Grundlage der anzustrebenden Ziele möglich, da sie u.a. die Reichweite der Modellierung determinieren (siehe unten). So erfordert z.B. eine Abbildung von abteilungsinternen Prozessen naturgemäß andere Systemgrenzen als ein Modell zur Optimierung zwischenbetrieblicher Logistikketten.

    Bei der **Zielformulierung** ist darauf zu achten, dass sie **operational**, **präzise** und **vollständig** ist. Zu diesem Zweck muss sie die Punkte „Art", „Ausmaß und Umfang", „Zeitpunkt/Zeitraum", „Sicherheit des Eintretens" und „Zuständigkeit für die Erfüllung" beinhalten (vgl. [Voigt (2008), S. 54]). Nur wenn die Ausprägungen dieser verschiedenen Dimensionen exakt festgelegt sind, können die Projekt-Mitarbeiter durch geeignete Handlungen und Maßnahmen zielorientiert vorgehen.

2. **Projekt-Controlling**
    Für ein effektives Projekt-Controlling muss das Management die vorab gewünschten Ergebnisse den tatsächlich erzielten Resultaten in einen Soll-Ist-Vergleich gegenüberstellen und daraus Schlussfolgerungen für zukünftige Projekte ziehen können.

3.2.1.2   Projekt-Abgrenzung

Im Anschluss an die Formulierung der Ziele werden die zu modellierenden Geschäftsprozesse abgegrenzt. Diese scheinbar triviale Aufgabe ist bei näherer Betrachtung oftmals mit erheblichen Schwierigkeiten verbunden. Der Grund hierfür liegt in der funktionsorientierten Aufbauorganisation vieler Unternehmen.

Bei einer **Integration der Informationsverarbeitung** und damit auch der zugrundeliegenden Informationsobjekte kann man nach Mertens generell verschiedene Dimensionen unterscheiden (vgl. [Mertens (2009), S. 2] und Abbildung 3.2). Für die Abgrenzung der Geschäftsprozesse sind dabei drei Aspekte von besonderer Relevanz:

1. **Integrationsgegenstand**

   Als Integrationsgegenstand werden per definitionem **Prozesse** bzw. **Vorgänge** betrachtet. Das Ziel besteht darin, logisch zusammengehörige Aktivitäten miteinander zu verbinden.

2. **Integrationsrichtung**

   Die Integrationsrichtung bezieht sich auf die verschiedenen Hierarchieebenen in einem Unternehmen. Während die **horizontale Integration** eine Verbindung der computergestützten Teilsysteme auf einer Stufe anstrebt, hat die **vertikale Integration** eine informationelle Verknüpfung der unterschiedlichen Ebenen zum Gegenstand (vgl. [Mertens (2009), S. 5–6]). Erstere unterstützt damit alle Prozesse der betrieblichen Wertschöpfung, z.B. die Kundenauftragsabwicklung im operativen Bereich oder die längerfristige Unternehmensplanung im taktisch-strategischen Kontext. Letztere stellt hingegen die auf der operativen Ebene generierten Daten in verdichteter Form für Auswertungen auf höheren Stufen bereit. Dies kann z.B. über ein Business Warehouse erfolgen, so dass zeitkritische Routinetätigkeiten in den Administrations- und Dispositionssystemen nicht durch rechenintensive Analysen belastet werden.

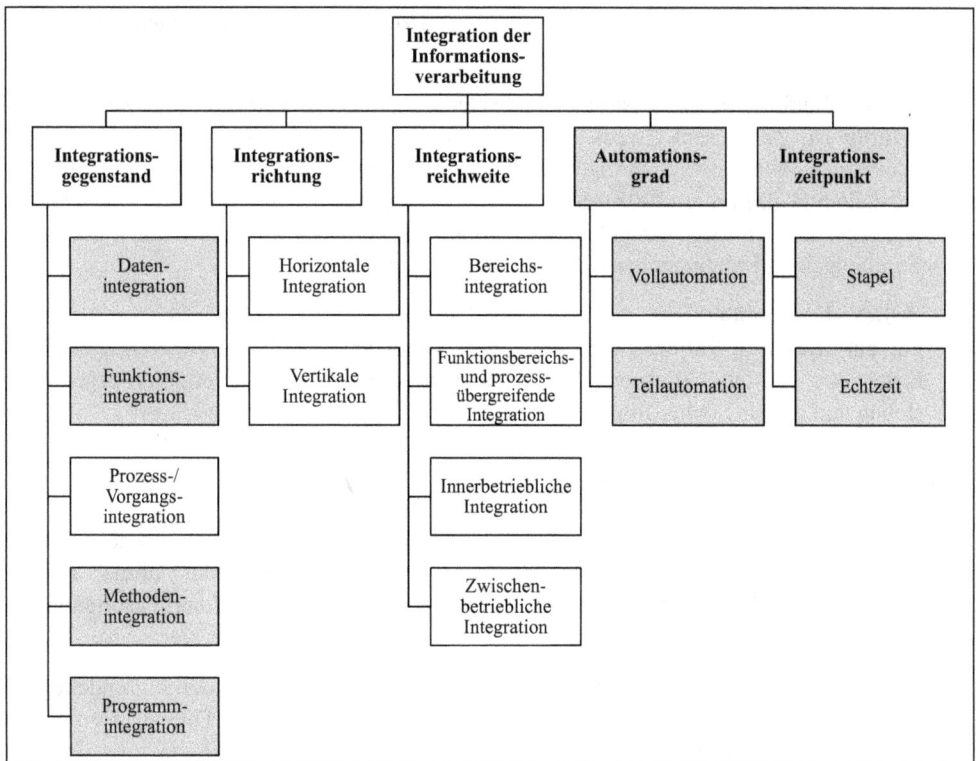

Abbildung 3.2   Integration der Informationsverarbeitung (Eigene Darstellung nach [Mertens (2009), S. 2])

3. Integrationsreichweite

Bei der Integrationsreichweite wird die Ausdehnung der informationellen Verbindung innerhalb einer Hierarchieebene betrachtet. Dabei kann man (in aufsteigender Reihenfolge) zwischen der Bereichsintegration, der bereichsübergreifenden Verknüpfung, der vollständigen innerbetrieblichen sowie der zwischenbetrieblichen Integration („Business-to-Business" bzw. B2B) unterscheiden (vgl. [Mertens (2009), S. 6–7]).

Aufgrund des zunehmenden Einsatzes von Informations- und Kommunikationstechnologien in den Unternehmen sind die Chancen zur Ausdehnung der Integrationsreichweite generell stark gewachsen (vgl. 6.2).

Beispiel

*Ein Beispiel im Kontext der innerbetrieblichen Integration ist die Einführung von **ERP** (Enterprise Resource Planning)- und **PLM** (Product Lifecycle Management)-Systemen (vgl. z.B. [, Eigner u.a. (2009)], [Gronau (2010)] sowie Kapitel 5.3.1.1). Im zwischenbetrieblichen Bereich kann exemplarisch die Nutzung von **SCM** (Supply Chain Management)-Systemen im Logistik-Umfeld genannt werden (vgl. z.B. [Stadtler u.a. (2010)] sowie Kapitel 5.3.1.1). Eine anschauliche Darstellung der hierbei abzubildenden „Produktions- bzw. Versorgungsketten und -netze" bietet die Website „Sourcemap.com" (vgl. [Sourcemap (2012)]). In graphischer Form werden die Genealogien verschiedener Produkte aufgezeigt und machen so die geographischen sowie ökologischen und sozialen Hintergründe ihrer Entstehung deutlich.*

Die gestiegenen Möglichkeiten zur Ausdehnung der Integrationsreichweite bedeuten jedoch nicht zwangsläufig, dass man diese auch tatsächlich realisiert hat. Trotz der entwickelten Konzepte und Software-Lösungen existieren in vielen Unternehmen auch heute noch **Insellösungen**, die keine automatisierten Schnittstellen zu den ihnen vor- und nachgelagerten Prozessen haben. Gründe hierfür sind die in Kapitel 2.2.2.1 genannten Ursachen „Historie", „Evolution", „Dynamik" und „Komplexität".

Zwei wesentliche Ziele bei der Realisierung einer Integrierten Informationsverarbeitung sind die **Reduktion der manuellen Eingaben** und damit möglicher Erfassungsfehler sowie die **Vermeidung lokaler Suboptima** (vgl. [Mertens (2009), S. 10–11]). Eine isolierte Modellierung einzelner Abläufe steht dem jedoch diametral entgegen. Daher muss die Abgrenzung der Geschäftsprozesse einen Kompromiss finden zwischen einer zu fokussierten Betrachtung einerseits und einer zu weitgefassten Modellierung andererseits. Vor allem bei Abläufen, die einen Querschnittscharakter aufweisen, ist dies problematisch.

Beispiel

Logistische (Sub-)Systeme kann man unter verrichtungs- oder phasenbezogenen Aspekten strukturieren (vgl. [Pfohl (2009), S. 14–20]). Erstere umfassen die Funktionen „Auftragsabwicklung", „Lagerhaltung (Lagerbestände)", „Lagerhaus", „Verpackung" und „Transport". Hingegen unterscheiden letztere die (Teil-) Prozesse „Beschaffungs-, Produktions- und Distributions-" sowie „Ersatzteil- und Entsorgungslogistik". Bei der Abgrenzung der Geschäftsprozesse kann man dementsprechend unterschiedlich vorgehen.

Es gibt bezüglich der Integrationsrichtung und -reichweite keine allgemeingültigen Kriterien, die als Grundlage für eine objektiv sinnvolle Abgrenzung dienen könnten. Das ist aber letztlich auch nicht entscheidend, solange die Schnittstellen zwischen den einzelnen (Teil-) Prozessen klar definiert werden. Oftmals ergeben sich diese schon aus der funktionsorientierten Organisationsstruktur eines Unternehmens. Wenn etwa komplexe Abläufe mehrere Abteilungen betreffen, existieren naturgemäß bestimmte Übergänge zwischen den involvierten Einheiten.

Als mögliche Vorgehensweisen zur Abgrenzung sind wie bei der Gestaltung der Anordnungsbeziehungen im Rahmen der Aufbauorganisation wiederum zwei Alternativen denkbar (vgl. Kapitel 2.2.2.1):

1. **Top-down-Ansatz (Analytische Vorgehensweise)**
   Man beginnt mit der allgemeinen Wertschöpfungskette eines Unternehmens im Hinblick auf dessen Kernkompetenz(en) und teilt die Abläufe in zunehmend kleinere Teilprozesse auf, die nicht weiter sinnvoll zerlegt werden können.

   Diese Vorgehensweise ist zweckmäßig, wenn die Projekt-Mitarbeiter ein abzubildendes System nicht oder nur ungenau kennen und sich erst während der Modellierung quasiparallel dazu in die Strukturen einarbeiten müssen. Eine derartige Konstellation tritt etwa beim Einsatz von externen Beratern auf, die als Außenstehende zunächst nicht über das notwendige Organisations- und Prozesswissen verfügen. Besteht das Projekt-Team hingegen ausschließlich oder überwiegend aus unternehmensinternen Mitarbeitern, ist auch die zweite Alternative opportun.

2. **Bottom-up-Ansatz (Synthetische Vorgehensweise)**
   Die Geschäftsprozesse auf der untersten bzw. operativen Ebene werden schrittweise zu größeren Einheiten zusammengefasst und hierdurch aggregierte Abläufe gebildet.

   Wegen ihrer Bedeutung als Datenlieferant für die übergeordneten Systeme der taktischen und strategischen Ebenen bietet sich diese Vorgehensweise bei der Integrationsrichtung an. Bezüglich der Integrationsreichweite kann man in einer ausgewählten Abteilung bzw. einem „Pilot-Bereich" starten und die Perspektive dann kontinuierlich auf das Gesamtunternehmen sowie auf die vor- und nachgelagerten Partner ausdehnen.

Entscheidend für die zu wählende Vorgehensweise bei der Abgrenzung sind einerseits der bislang erreichte Reifegrad der Geschäftsprozesse (vgl. hierzu erneut Kapitel 2.3.1) und andererseits die Rahmenbedingungen im Hinblick auf die Projekt-Strukturen sowie die eingesetzten Hilfsmittel (vgl. Kapitel 4).

3.2.2   Durchführung

3.2.2.1   Geschäftsprozess-Modellierung

Im nächsten Schritt werden die ausgewählten Geschäftsprozesse modelliert. Dabei sollte man bestimmte Regeln einhalten, die einen pragmatischen Kompromiss zwischen einer zu differenzierten Abbildung einerseits und einer zu groben Abstraktion andererseits gewährleisten.

In Anlehnung an die „Grundsätze ordnungsgemäßer Buchführung (GoB)" wurden hierfür die „**Grundsätze ordnungsgemäßer Modellierung (GoM)**" konzipiert (vgl. [Becker u.a. (1995)], [Becker u.a. (2009), S. 39–43], [Scheer (2002), S. 119–120]).

Sie beinhalten sechs Prinzipien, die allgemeine Empfehlungen zur bedarfsgerechten Modellierung repräsentieren und voneinander abhängen. Aufgrund der Überlegung, dass nicht alle die gleiche Priorität besitzen, werden sie in die zwei Gruppen der „notwendigen" und „ergänzenden" Axiome eingeteilt. Das Ziel dieser Handlungsempfehlungen ist es, die Qualität der eingesetzten Methoden und der generierten Abbildungen sowie den praktische Nutzen im Hinblick auf die Benutzeranforderungen sicherzustellen (vgl. Abbildung 3.3).

Grundsatz	Begriffsabgrenzung/Erläuterung
Notwendige Grundsätze	Die Einhaltung der notwendigen Grundsätze ist erforderlich, um valide Modelle für Analyse-, Planungs- und Optimierungszwecke zu erhalten. Bei fehlerhaften Modellen würde eine Abbildung der Realität weder fachlich noch wirtschaftlich sinnvoll sein.
1. Grundsatz der **Richtigkeit**	1. **Syntaktische Korrektheit** Alle verwendeten Informationsobjekte und Notationsregeln sind in dem zugrundeliegenden Metamodell definiert. Dies bedeutet, dass es bei der Modellierung keine Unklarheiten bezüglich der Syntax gibt. 2. **Semantische Richtigkeit** Die Elemente und Strukturen des abgebildeten Systems sind korrekt modelliert und es bestehen keine sachlogischen Fehler.
2. Grundsatz der **Relevanz**	1. **Geeignetes Abstraktionsniveau** Es sollen nur diejenigen Elemente und Strukturen in einem Modell abgebildet werden, die zur Erreichung der jeweils angestrebten Projektziele erforderlich sind. Diese müssen vorab bekannt sein (vgl. Kapitel 3.2.1.1). 2. **Externe Minimalität** Alle Objekte der realen Welt, die für das Projekt als zweckdienlich erkannt wurden, sollen in dem Modell vorhanden sein. 3. **Interne Minimalität** In dem Modell dürfen keine Objekte abgebildet sein, die es nicht auch in der Realität gibt.

Grundsatz	Begriffsabgrenzung/Erläuterung
3. Grundsatz der **Wirtschaftlichkeit**	**Effizienzprinzip** Der Aufwand zur Erstellung und Nutzung des Modells soll dem Effizienzprinzip genügen bzw. möglichst kostengünstig sein. Im Hinblick auf knappe Ressourcen impliziert der Punkt die ökonomische Forderung nach einer sinnvollen Einschränkung der Modellierungsintensität und hat damit Auswirkungen auf die anderen Grundsätze.
Ergänzende Grundsätze	Die ergänzenden Richtlinien erweitern die notwendigen Grundsätze um fachlich sinnvolle Prinzipien. Auch wenn sie für eine korrekte Modellierung nicht zwingend erforderlich sind, unterstützen sie dennoch eine systematische Vorgehensweise und sorgen für Transparenz.
4. Grundsatz der **Klarheit**	Ein Modell soll übersichtlich und strukturiert und damit letztlich für jede Person mit einem entsprechenden Fach- und Hintergrundwissen verständlich sein. Um dies zu erreichen, sind methodische Vorschriften einzuhalten, die Art und Struktur der verwendeten Objekte determinieren.
5. Grundsatz der **Vergleichbarkeit**	1. **Syntaktische Analogie:** Die Einhaltung aller Methodenkonventionen sowie die Wahl eines äquivalenten Detaillierungsgrades sind zwingend erforderlich, um die syntaktische Vergleichbarkeit von Modellen, die mit derselben Methode erstellt werden, gewährleisten zu können. Wenn unterschiedliche Abbildungsmethoden verwendet werden, sollten die resultierenden Modelle formal in die andere Methodik überführbar sein (z.B. Darstellung mit <u>B</u>usiness <u>P</u>rocess <u>M</u>odel and <u>N</u>otation (**BPMN**), <u>E</u>reignisgesteuerten <u>P</u>rozess<u>k</u>etten (**EPK**), <u>U</u>nified <u>M</u>odeling <u>L</u>anguage (**UML**) oder **Petri-Netzen**). 2. **Semantische Vergleichbarkeit:** Auch wenn ein gleicher Sachverhalt mit unterschiedlichen Modellierungsmethoden abgebildet wird, muss das Ergebnis der Modellierung immer gleich sein, so dass man die verschiedenen Modelle zumindest auf der semantischen Ebene komparativ gegenüberstellen kann (z.B. Soll-Ist-Vergleich).

Grundsatz	Begriffsabgrenzung/Erläuterung
6. Grundsatz des **systematischen Aufbaus**	Dieser Grundsatz soll eine strukturierte und systematische Vorgehensweise sicherstellen, die etwa durch eine komplexitätsreduzierende Sichtenbildung erfolgt. Beim Einsatz formalisierter Methoden kann er mittels geeigneter Metamodelle zur Abbildung von IT-Architekturen realisiert werden (vgl. hierzu Kapitel 4). In diesem Kontext muss es auch möglich sein, gebildete (Teil-) Modelle (wieder) logisch zusammenzuführen.

Abbildung 3.3 Grundsätze ordnungsgemäßer Modellierung (Eigene Darstellung nach [Becker u.a. (1995)], [Becker u.a. (2009), S. 39–43], [Scheer (2002), S. 119–120])

Die Modellierung selbst kann mittels formaler oder informaler Methoden sowie manuell oder computergestützt erfolgen (vgl. Abbildung 3.4). Nachfolgend werden nur noch Software-Werkzeuge behandelt, denen eine oder mehrere (formale) Methoden zugrunde liegen.

		Modellierungsmethode	
		Formal (Einhaltung von syntaktischen und semantischen Notationsregeln)	**Informal** (Keine Einhaltung von syntaktischen und semantischen Notationsregeln)
Modellierungsart	**Computergestützt**	• Universelles Graphik-Programm (z.B. Microsoft Paint, Microsoft PowerPoint, Microsoft Visio)	• Universelles Graphik-Programm (z.B. Microsoft Paint, Microsoft PowerPoint, Microsoft Visio)
		• Modellierungs-Software (z.B. ARIS (vgl. Kapitel 4), ADONIS)	
	Manuell	• „Papier und Bleistift"	• „Papier und Bleistift"

Abbildung 3.4 Modellierungsarten und -methoden

Bei der Auswahl einer geeigneten Software-Lösung sind zwei Schritte durchzuführen:

1. **Festlegung der Modellierungsmethode(n)**
   Die gewählte Modellierungsmethode hat in fachlicher Hinsicht entscheidenden Einfluss auf den Verlauf eines Projektes. Neben kurzfristigen Aspekten müssen daher auch langfristige Implikationen berücksichtigt werden (vgl. Abbildung 3.5 und Kapitel 5.2.2.1).

Kurzfristige Aspekte	Langfristige Aspekte
• Einfachheit der Darstellungsmittel	• Möglichkeit, für alle darzustellenden Anwendungen einheitliche Methoden einsetzen zu können (Flexibilität)
• Eignung für die speziell auszudrücken- den Fachinhalte	• Weitgehende Unabhängigkeit der Me- thoden von technischen Entwicklungen der Informations- und Kommunika- tionstechnik (soweit möglich)
• Vorhandener Bekanntheitsgrad der Methoden	• Zu erwartender Bekanntheitsgrad der Methoden

Abbildung 3.5 Merkmale zur Auswahl der Modellierungsmethode (Eigene Darstellung nach [Scheer (1997), S. 18])

2. **Auswahl der Modellierungs-Software**

   Die zuvor gewählte Modellierungsmethode stellt bei der Auswahl der Software ein K.O- bzw. MUSS-Kriterium dar. Im weiteren Verlauf gilt es nun, die Projektanforderungen und deren Rahmenbedingungen den jeweiligen Produktmerkmalen gegenüberzustellen und die Software mit dem größten Nutzen bzw. besten Preis-Leistungs-Verhältnis zu ermitteln. Zu diesem Zweck kann man wiederum verschiedene Kriterien heranziehen und diese im Rahmen einer zunehmend detaillierten Selektion bewerten (vgl. Abbildung 3.6).

   Eine aktuelle und ausführliche Marktübersicht zu entsprechenden Anbietern bzw. Pro- dukten findet sich beispielsweise in [TeDo (2012 – BPM)]).

Um bei der Festlegung der Modellierungsmethode(n) und der Software-Auswahl eine „neu- trale" bzw. **unvoreingenommene Sicht** zu gewährleisten und von den (positiven oder nega- tiven) **Erfahrungen anderer Unternehmen** zu profitieren, können diese zwei Schritte bei Bedarf durch ein externes (unabhängiges) Beratungsunternehmen unterstützt werden.

Schritt	Erläuterung

1. Festlegung der **Auswahl-Kriterien**	• Priorisierung der Kriterien nach ihrer jeweiligen Bedeutung:
	  o MUSS- bzw. K.O.-Kriterien (z.B. unterstützte Geschäftsprozesse, gesetzliche Anforderungen) und
	  o SOLL- bzw. KANN-Kriterien.
	• Gruppierung der Kriterien nach der Messbarkeit:
	  o Quantitative Kriterien (z.B. Preis) und
	  o Qualitative Kriterien (z.B. Subjektiver Eindruck)

2. **Gewichtung** der Kriterien	• Vorbereitung der Nutzwertanalyse (Punktbewertungsverfahren bzw. Scoring-Modell)
3. **Grob- bzw. Vorauswahl** der Anbieter anhand der MUSS-Kriterien	
4. **Kontaktaufnahme** zu den verbleibenden (ca. fünf bis zehn) Anbietern	• Auswertung der Antworten • Qualität und Zuverlässigkeit der Antworten
5. **Feinauswahl**: Ermittlung der (ca. drei) Anbieter, die in der zweiten Runde berücksichtigt werden sollen	
6. **Versenden des kompletten Kriterienkatalogs** an die verbliebenen Anbieter	
7. Durchführung von **Workshops** zur Erläuterung der Anforderungen	• Teilnehmer: Fachabteilung(en), Anbieter und gegebenenfalls Beratungsunternehmen • Präsentation der Ergebnisse durch die Anbieter und/oder das Beratungsunternehmen • Besuch der Anbieter • Durchführung von Lieferantenaudits • Eventuell Durchführung von Referenzbesuchen

Schritt	Erläuterung
8. Durchführung der **Nutzwertanalyse**	• Festlegung des Zielerreichungsgrades je Kriterium • Zielerreichungsgrad: Selbsteinschätzung der Anbieter • Verifikation und gegebenenfalls Zielerreichungsgrade korrigieren • Ermittlung der Gesamtpunktzahl je Anbieter
9. **Entscheidung** für einen Anbieter bzw. ein Modellierungs-Werkzeug	
10. **Vertragsverhandlungen** mit Anbieter bzw. Beratungsunternehmen	
11. Freigabe und **Vertragsabschluss**	

Abbildung 3.6   Auswahl der Modellierungs-Software

Zu den häufigsten Fehlern, die bei einem derartigen Auswahlprozess gemacht werden, gehören eine **unsystematische Vorgehensweise** (z.B. keine geeigneten Bewertungsgrundlagen) und eine **fehlende Überprüfung der Anbieterinformationen**.

Bei der Beauftragung eines externen Dienstleistungsunternehmens wird normalerweise vertraglich geregelt, dass dieser (mindestens) einen erfahrenen Projektleiter und ein Team von qualifizierten Mitarbeitern bereitstellt. In einigen Fällen haben diese aber noch kein umfangreiches Modellierungs- bzw. Prozess-Know-how und werden erst im Rahmen des laufenden Projektes beim Kunden eingearbeitet. Diese Vorgehensweise ist legitim und betrifft naturgemäß vor allem Berufsanfänger und fachfremde Mitarbeiter. Gleichwohl erfolgt deren Abrechnung häufig zu marktkonformen Tagessätzen für erfahrene Berater. Aus der Sicht des beauftragenden Unternehmens ist daher auch in diesem Punkt ein effektives Projekt-Controlling unabdingbar (vgl. hierzu erneut Kapitel 3.3.1). Es kann von einer formlosen Überprüfung der externen Mitarbeiter anhand eines tabellarischen Lebenslaufs mit Zeugnissen und projektrelevanten Erfahrungen bis zu einem systematischen Lieferantenaudit reichen.

3.2.2.2 Geschäftsprozess-Implementierung

Die Modellierung der Geschäftsprozesse ist kein Selbstzweck, sondern vielmehr eine notwendige Voraussetzung, um die Abläufe in einem Unternehmen kontinuierlich überwachen, analysieren und optimieren zu können. Bei deren Realisierung lassen sich prinzipiell die beiden Merkmale „**Existenz von IT-Anwendungen**" und „**Existenz von Geschäftsprozessen**" mit jeweils zwei Ausprägungen differenzieren. Hierdurch gelangt man zu vier unterschiedliche Ausgangssituationen, wobei IT-Systeme die Grundlage für computergestützte Abläufe sind (vgl. Abbildung 3.7).

	Geschäftsprozesse sind bereits vorhanden	**Geschäftsprozesse sind noch nicht vorhanden**
IT-Anwendungen sind bereits vorhanden oder werden ersetzt	**Neu-Strukturierung (1)**	**Geschäftsprozess-Implementierung (2)**
	IT-Restrukturierung (Optimierung)	IT-Restrukturierung (Optimierung)
	Geschäftsprozess-Restrukturierung (Optimierung)	Geschäftsprozess-Implementierung
IT-Anwendungen sind (noch) nicht vorhanden und werden eingeführt	**IT-Strukturierung (3)**	**Neu-Implementierung (4)**
	IT-Implementierung	IT-Implementierung
	Geschäftsprozess-Restrukturierung (Optimierung)	Geschäftsprozess-Implementierung

Abbildung 3.7 Geschäftsprozess-Realisierung

In Abhängigkeit von der technologischen Infrastruktur und dem Grad der Geschäftsprozess-Reife haben die resultierenden Projekte verschiedene Schwerpunkte (vgl. hierzu erneut Kapitel 2.3.1):

1. **Neu-Strukturierung**
   Diese Konstellation tritt bei vorhandenen IT-Systemen und implementierten Geschäftsprozessen auf. Es wird eine simultane Restrukturierung der EDV-Anwendungen sowie der betrieblichen Abläufe angestrebt, ohne dass die laufenden Geschäftstätigkeiten nachhaltig und längerfristig gestört werden dürfen.

Beispiel

Als Beispiel sei die Einführung eines zentralen ERP-Systems genannt, das heterogene und/oder dezentrale Anwendungen ersetzen und damit zu einer Standardisierung der Geschäftsprozesse beitragen soll (vgl. Kapitel 5.3.1).

2. **Geschäftsprozess-Implementierung**

    In diesem Fall gibt es bereits eine IT-Landschaft, allerdings sind die hiermit abgewickelten Prozesse weder einheitlich dokumentiert noch standardisiert. Es herrscht vielmehr ein funktionierendes Chaos, das systematisch in geordnete Strukturen überführt werden soll.

Beispiel

Diese Situation kann etwa bei einem forschungsintensiven Start-up-Unternehmen auftreten, das in seiner Anfangsphase den Schwerpunkt auf die Entwicklung innovativer Produkte und Dienstleistungen gelegt und die organisatorischen Aspekte dabei vernachlässigt hat.

3. **IT-Strukturierung**

    Bei diesem Szenario sollen Geschäftsprozesse, deren Abwicklung bisher manuell erfolgte, nunmehr computergestützt durchgeführt werden. Falls die hierfür notwendige IT-Infrastruktur nicht vorhanden ist, muss man sie parallel dazu implementieren.

Beispiel

Als Beispiel sei die Einführung des bargeldlosen Zahlungsverkehrs durch Kreditinstitute oder Unternehmen genannt, die zudem besondere Anforderungen an Datenschutz und Datensicherheit stellt. Die Restrukturierung bzw. Optimierung der Abläufe hat somit auch Einfluss auf die neu zu installierenden Hard- und Softwarekomponenten.

4. **Neu-Implementierung**

    Eine vollständige Neu-Implementierung bietet die größten Freiheitsgrade im Hinblick auf die IT-Infrastruktur und die Gestaltung der Geschäftsprozesse. Naturgemäß kommt diese Konstellation nur bei der Neu-Implementierung einer Aufbauorganisation bzw. deren Elementen und Strukturen vor, z.B. der Errichtung von Gebäuden auf einem (neuen oder bereits genutzten) Betriebsgelände.

Beispiel

An der südlichen Stadtgrenze Berlins entsteht auf dem Gebiet der Gemeinde Schönefeld im Land Brandenburg der neue internationale Verkehrsflughafen „Berlin Brandenburg (IATA-Code BER)". Mit dessen Inbetriebnahme wird der alte Flughafen „Tegel", den man während der Berlin-Blockade (1948 bis 1949) ausgebaut hatte, endgültig geschlossen (vgl. [BBE GmbH (2012 – Zeitplan)]).

Die notwendigen Logistik-Einrichtungen für Passagiere, Frachtkunden, Mitarbeiter und Dienstleistungsunternehmen sind ebenso wie die Prozesse auf die neuesten Technologien abgestimmt. So werden etwa Papiertickets in den nächsten Jahren kontinuierlich an Bedeutung verlieren und stattdessen elektronische Flugkarten eingesetzt werden. Um diese Entwicklung zu berücksichtigen, gibt es neben den traditionellen Check-In-Schaltern zunehmend Check-In-Automaten der Fluggesellschaften. Mit ihrer Hilfe kön-

nen Passagiere selbstständig die Bordkarten für ihre zuvor über das Internet gebuchten Flüge ausdrucken (vgl. [BBE GmbH (2012 – Überblick)]).

Der Übergang zwischen den verschiedenen Szenarien ist keineswegs starr, sondern kann durchaus fließend sein. Häufig stellt sich z.B. erst im Verlauf eines Projektes bei der Implementierung heraus, dass die vorhandene IT-Infrastruktur den prozessbezogenen Anforderungen nicht gerecht wird, so dass neue oder zusätzliche Hard- und/oder Softwarekomponenten installiert werden müssen. Außerdem steigen mit den erkannten Möglichkeiten oftmals die Wünsche der Endbenutzer. Dies kann gegebenenfalls eine Erweiterung der ursprünglichen Konzeption und damit eine Ausweitung des Projektes bedeuten.

3.2.2.3   Geschäftsprozess-Analyse

Eine Analyse der Geschäftsprozesse ist unter verschiedenen Aspekten möglich. Da in einer freien Marktwirtschaft jedes rational handelnde Unternehmen vorrangig eine Steigerung des operativen Gewinns anstrebt, bieten die hierauf wirkenden Einflussfaktoren differenzierte Anhaltspunkte für eine Betrachtung der Abläufe (vgl. Abbildung 3.8).

Generell kann man zwischen direkten und indirekten Einflussgrößen unterscheiden, wobei erstere zum Teil auf letztere zurückzuführen sind. So entscheidet z.B. die Gestaltung der Aufbau- und Ablauforganisation darüber, wie effektiv und effizient der Vertrieb arbeitet oder welche Zeiten für die Bearbeitung eines Kundenauftrags benötigt werden. Dagegen haben andere Faktoren ihren Ursprung in den makroökonomischen Rahmenbedingungen, die man auch durch eine Veränderung der unternehmensinternen Abläufe nicht modifizieren kann. Ein Beispiel hierfür ist der Preis, welcher aufgrund der Markt- und Wettbewerbssituation für ein Produkt oder eine Dienstleistung maximal zu erzielen ist.

Bei einer Analyse der Geschäftsprozesse gilt es demnach, alle beeinflussbaren bzw. erfolgsrelevanten Größen zu betrachten und deren ursächliche Faktoren zu bestimmen. Eine standardisierte Vorgehensweise dafür existiert aber bislang nicht.

Die (langfristige) **Wertorientierung des Geschäftsprozessmanagements** in Anlehnung an die entsprechende Forschung der Betriebswirtschaftslehre zur Unternehmensführung gewinnt zunehmend an Bedeutung, da eine Integration der prozessbezogenen Aktivitäten in das übergeordnete Zielsystem eines Unternehmens letztlich nur auf der (ökonomischen) Grundlage materieller und immaterieller Werte möglich ist (vgl. hierzu z.B. [Buhl u.a. (2011)] und die dort angegebenen Literaturhinweise sowie [Amberg u.a. (2011)]).

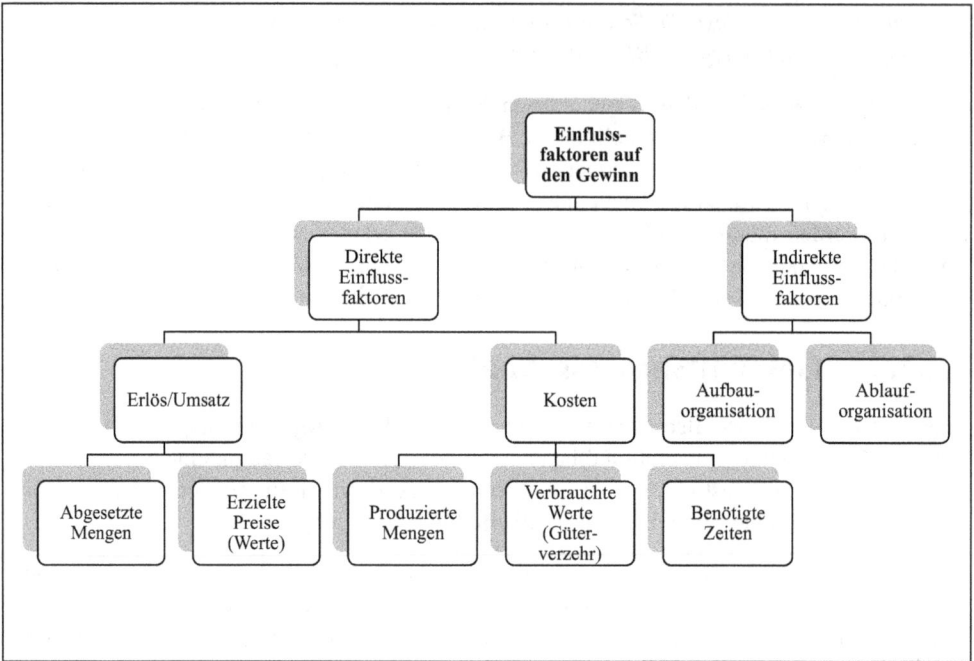

Abbildung 3.8   Einflussfaktoren auf den Gewinn

Bei einer detaillierteren Betrachtung der Einflussfaktoren gelangt man zu Abbildung 3.9.
Hierin wird aufgezeigt, welche Komponenten durch eine Gestaltung der Abläufe direkt oder
indirekt beeinflussbar sind.

		Direkte Einflussfaktoren auf den Gewinn	
		Erlös/Umsatz	**Kosten**
Ursächliche Einflussfaktoren	**Abgesetzte Mengen**	• **Beeinflussbar:** Effektivität des Vertriebs (Aufbau- und Ablauforganisation) • **Nicht beeinflussbar:** Makroökonomische Rahmenbedingungen (Umwelt-, Markt- und Wettbewerbssituation)	• **Beeinflussbar:** Effektivität und Effizienz des Vertriebs (Aufbau- und Ablauforganisation)

		Direkte Einflussfaktoren auf den Gewinn	
		Erlös/Umsatz	**Kosten**
	Erzielte Preise (Werte)	• **Nicht beeinflussbar:** Makroökonomische Rahmenbedingungen (Umwelt-, Markt- und Wettbewerbssituation)	• Kein Zusammenhang
	Produzierte Mengen (durch den Einsatz von Produktions-faktoren)	• Kein Zusammenhang	• **Beeinflussbar:** Folgewirkungen der Produktgestaltung in der Entwicklungsphase (z.B. Komplexität der Produktion, Wartbarkeit und Entsorgung der Produkte oder Wiederverwendbarkeit) • **Beeinflussbar:** Effektivität der Planung • **Beeinflussbar:** Effizienz der Produktion (z.B. Art und Umfang der eingesetzten Betriebsmittel, angewendete Produktionsverfahren, Ausschussquote)

		Direkte Einflussfaktoren auf den Gewinn	
		Erlös/Umsatz	Kosten
Ursächliche Einfluss- faktoren	Ver- brauchte Werte (Güter- verzehr)	• **Beeinflussbar:** Effizienz der Produktion (z.B. Art und Umfang der eingesetzten Betriebsmittel, angewendete Produktionsverfahren, Ausschussquote)	• **Beeinflussbar:** Kosten für Beschaffung und Lagerhaltung (z.B. Rabatte, Rahmenverträge, Aufbau- und Ablauforganisation der Lagerhaltung)
	Benötigte Zeiten	• Kein Zusammenhang	• **Beeinflussbar:** Effektivität der Verwaltung und der Produktion (Aufbau- und Ablauforganisation)

Abbildung 3.9   Ursächliche Einflussfaktoren auf den Gewinn

Um eine Geschäftsprozess-Analyse durchzuführen, kann man auf die erfassten Abläufe bzw. deren Abbildung zurückgreifen (vgl. Kapitel 3.2.2). Häufig bieten entsprechende Software-Werkzeuge geeignete Unterstützungsfunktionen, etwa in Form einer graphischen Darstellung von Kennzahlen, anhand derer man den Fortschritt bezüglich kritischer Erfolgsgrößen oder wichtiger Zielsetzungen ermitteln kann (vgl. Kapitel 4).

3.2.3   Nachbereitung bzw. Verbesserung

3.2.3.1   Geschäftsprozess-Optimierung

Gemäß dem **Prinzip der Wirtschaftlichkeit** zielt eine Verbesserung der Geschäftsprozesse auf eine **Steigerung der Erlöse** und/oder eine **Reduktion der Kosten**. Dabei geht es nicht um eine (rechnerisch exakte) Optimierung im mathematischen Sinn, die aufgrund der Komplexität betrieblicher Abläufe und ihrer ebenso dynamischen wie evolutionären Rahmenbedingungen schlichtweg unmöglich ist (vgl. hierzu erneut Kapitel 2.2.2.1). Vielmehr strebt man in Abhängigkeit von dem jeweils vorhandenen Umfeld eine kontinuierliche Verbesserung der Geschäftsprozesse an.

Wie bei deren Abbildung sollte man auch bei ihrer „Optimierung" bestimmte Prinzipien beachten (vgl. hierzu erneut Kapitel 3.2.2). Im Unterschied zu den „Grundsätzen ordnungsgemäßer Modellierung" beinhalten sie jedoch keine normativen Regeln, sondern erfahrungsbasierte Handlungsempfehlungen qualitativer Art. Sie sollen Ansatzpunkte für Verbesserungsmaßnahmen liefern und können dazu in allgemeine bzw. IT-bezogene sowie aufbau- und ablaufbezogene Grundsätze unterteilt werden (vgl. Abbildung 3.10).

Alle Handlungsempfehlungen sind prinzipiell unter einem **Kosten-Nutzen-Vorbehalt** zu betrachten. So mag es zwar im Rahmen einer Verbesserung der Geschäftsprozesse möglich sein, viele (Teil-) Abläufe zu automatisieren oder mit geeigneten IT-Systemen zu unterstützen. Allerdings ist eine derartige Ausgestaltung oder gar Vollautomation nur dann ökonomisch sinnvoll, wenn die Rentabilität der notwendigen Investitionen in fachlicher und zeitlicher Hinsicht im positiven Bereich liegt.

Grundsatz	Begriffsabgrenzung/Erläuterung
Allgemeine bzw. IT-bezogene Grundsätze	Diese allgemeinen Grundsätze gelten einerseits für die IT-Anwendungen und die zugrundeliegenden Systeme und andererseits für die Gestaltung der Aufbau- und Ablauforganisation. Sie besitzen eine übergreifende Bedeutung und werden daher als erstes behandelt.
1. Grundsatz der **Agilität**	In den letzten Jahren haben sich die mikro- und makroökonomischen Rahmenbedingungen von Wirtschaftseinheiten grundlegend verändert. Die zunehmende Dynamik der Märkte sowie die steigende weltwirtschaftliche Verflechtung der Handels- und Kapitalströme („Globalisierung") führen immer häufiger zu neuen Formen der Kooperation zwischen rechtlich und wirtschaftlich selbständigen Unternehmen. Das Spektrum reicht dabei von gemeinsamen Einzelprojekten über permanente Gemeinschaftsunternehmen (Joint Venture) bis hin zu einer Verschmelzung einstmals unabhängiger Institutionen zu einer neuen Gesellschaft (vgl. hierzu beispielsweise [Wöhe u.a. (2010), S. 250–268]). Aus diesem Grund müssen auch deren IT-bezogene Elemente und Strukturen sowie die hierauf basierenden Geschäftsprozesse möglichst flexibel gestaltet werden. Eine Änderung der institutionellen Grundlagen sollte nicht zwangsläufig eine vollständige Neu-Konzeption und Restrukturierung der betrieblichen Abläufe bedingen. Diese Forderung kommt im „Grundsatz der Agilität" zum Ausdruck. Eine Möglichkeit, dieses Prinzip zu realisieren, besteht in einer losen Kopplung der verschiedenen Teilsysteme und -prozesse über definierte Schnittstellen bei gleichzeitiger Kapselung nach außen. Danach sind die Infrastruktur und die Geschäftsprozesse so zu implementieren, dass eine lokale Änderung in einem Bereich möglichst keine Auswirkungen auf andere Elemente hat.

Grundsatz	Begriffsabgrenzung/Erläuterung
2. Grundsatz der **Deduplizierung** (Vermeidung von Redundanzen)	Aus ökonomischen und technischen Gründen sollte im operativen Betrieb jedes Informationsobjekt in einer IT-Landschaft physisch nur einmal gespeichert bzw. vorhanden sein.
	Falls unterschiedliche Systeme mit denselben Daten arbeiten und diese jeweils lokal und damit redundant ablegen, müssen entsprechende Synchronisationsmechanismen die Konsistenz der Informationen sicherstellen.
	Eine Ausnahme bilden Daten und Informationen, die in Backup- oder Data Warehouse-Systemen vorgehalten werden und dort z.B. für Analysezwecke bereitstehen.
	Der „Grundsatz der Deduplizierung" bzw. die Vermeidung von Redundanzen ist auch eine der zentralen Eigenschaften einer flexiblen Anwendungslandschaft (vgl. [Nissen u.a. (2012), S. 26]). Er korrespondiert dementsprechend mit dem zuvor genannten „Grundsatz der Agilität".
3. Grundsatz des möglichen **Minimalismus** und der **Konsolidierung**	Jedes (IT-) System erfordert einen gewissen Einführungs- und Wartungsaufwand. Dieser hängt von der Größe und Komplexität des Systems ab und ist mit einmaligen sowie laufenden Kosten verbunden. Aus diesem Grund sollten so wenige Systeme wie möglich eingesetzt werden (vgl. hierzu beispielsweise [IDG (2011 – Applikationen)]).
	Falls es aus organisatorischen oder technischen Gründen erforderlich ist, unterschiedliche Systeme mit identischen Daten und vergleichbaren Funktionen parallel zu betreiben, gelten die beim „Grundsatz der Deduplizierung" getroffenen Aussagen zur Sicherstellung der Datenkonsistenz analog.
4. Grundsatz des nötigen **Maximalismus**	Ein Ziel bei der Optimierung von Geschäftsprozessen besteht darin, Abläufe zu beschleunigen und die hierfür erforderlichen Daten effizient zu verarbeiten. Daher sollten alle notwendigen Informationen möglichst frühzeitig in eine digitale Form transformiert werden (vgl. den „Grundsatz der frühestmöglichen Digitalisierung" unten).
	Zu diesem Zweck bedarf es geeigneter Software-Produkte, so dass folglich so viele IT-Anwendungen und Systeme wie nötig vorhanden sein müssen. Vor diesem Hintergrund stellt die Maxime auch keinen Widerspruch zum „Grundsatz des möglichen Minimalismus" und der Konsolidierung dar. Vielmehr ergänzen sich beide Prinzipien.

Grundsatz	Begriffsabgrenzung/Erläuterung
Aufbaubezogene Grundsätze (Elemente und Strukturen)	Die aufbaubezogenen Grundsätze fokussieren auf die institutionellen Rahmenbedingungen zur Abwicklung der Geschäftsprozesse. Sie haben eine strategische bzw. taktische Bedeutung und Einfluss auf die auszuführenden Abläufe. Die theoretischen Grundlagen zur Gestaltung von Organisationen und ihrer statischen sowie dynamischen Aspekte bleiben davon unberührt (vgl. hierzu erneut Kapitel 2.2.2).
1. Grundsatz der **Kundenorientierung**	Einen Kunden interessiert es normalerweise nicht, wie ein Unternehmen intern strukturiert ist und welcher Mitarbeiter welche Aufgaben hat („Black Box-Prinzip"; vgl. hierzu auch Kapitel 6.3). Vielmehr will der Nachfrager einer betrieblichen Leistung, dass seine Anfragen inhaltlich korrekt und zeitlich zum gewünschten Termin bearbeitet werden. Dies gilt für interne und externe Kunden gleichermaßen. Aus diesem Grund sollten die Schnittstellen zwischen den einzelnen Sub-Systemen und den verschiedenen Teilprozessen nach dem Prinzip **„One Face to the Customer"** bzw. **„Single Point of Contact"** klar und stringent definiert sein. *Beispiel* *Die MTU Aero Engines GmbH mit Sitz in München ist der führende deutsche Hersteller von Triebwerken für zivile und militärische Zwecke sowie für stationäre Industriegasturbinen. Neben der eigentlichen Produktion bietet das Unternehmen über die MTU Maintenance-Gruppe auch Instandhaltungsdienstleistungen für eigene und fremde Produkte an.* *Um diesen Bereich zu optimieren, hat das Unternehmen eine zentrale Organisationseinheit „Repair Services" geschaffen, in der alle Vertriebsaktivitäten gebündelt werden. Darin kümmert sich pro Kunde ein Ansprechpartner um alle Belange der Reparatur und das unabhängig davon, wo auf der Welt die Arbeiten erfolgen (vgl. [MTU GmbH (2012)]).*
2. Grundsatz der **Zweckmäßigkeit**	In vielen Unternehmen gibt es historisch bedingte Abläufe, deren Gestaltung vor dem Hintergrund veränderter Rahmenbedingungen und Technologien nicht mehr zeitgemäß ist. Daher müssen alle bestehenden Geschäftsprozesse immer wieder kritisch nach ihrem Sinn und Zweck hinterfragt werden um, eine kontinuierliche Verbesserung zu erreichen.

Grundsatz	Begriffsabgrenzung/Erläuterung
3. Grundsatz der eindeutigen **Verantwortung**	Dieser Grundsatz beinhaltet die genaue Festlegung von Zuständigkeiten im Hinblick auf erfolgsabhängige Konsequenzen oder disziplinarische Sanktionen. In diesem Kontext erscheint aus Praktibilitätsgründen eine Unterscheidung zwischen der Übernahme von Verantwortung und der tatsächlichen Ausführung einer Aufgabe sinnvoll. Dies wird etwa bei einer Arbeitsteilung und der hiermit zwangsläufig verbundenen Delegation von Tätigkeiten deutlich. Von zentraler Bedeutung ist eine eindeutige Regelung, wer für bestimmte Maßnahmen und Entscheidungen letztlich die Verantwortung trägt. Eine unklare bzw. mehrdeutige Festlegung hat vor allem in kritischen Situationen erfahrungsgemäß das Phänomen der wechselseitigen Schuldzuweisung zur Folge. Daher sind neben der Benennung einer natürlichen Einzelperson als Verantwortungsträger sowie einer Vertretung auch die jeweiligen Inhalte und Zeiten zu determinieren. Letztere haben aber naturgemäß operativen Charakter und werden dementsprechend im Rahmen der ablaufbezogenen Grundsätze behandelt (vgl. den „Grundsatz der Zuständigkeit" unten).
Ablaufbezogene Grundsätze (Funktionen und Prozesse)	Die ablaufbezogenen Grundsätze sind für kurzfristige Gestaltungsentscheidungen bestimmt. Sie zielen auf eine Verbesserung der operativen Prozesse, indem sie Prinzipien für eine effektive Abwicklung der Geschäftsprozesse beinhalten.
1. Grundsatz der eindeutigen **Zuständigkeit**	Während der oben genannte „Grundsatz der eindeutigen Verantwortung" einen disziplinarischen Aspekt hat, bezieht sich die Maxime der Zuständigkeit auf die konkrete Ausführung einer Aufgabe. Hierdurch kann die eindeutige Zuständigkeit entweder bei einer Einzelperson oder bei einer Gruppe liegen. Eine Festlegung auf dieser Ebene muss neben dem eigentlichen Inhalt auch operationalisierte Führungs- bzw. Sollgrößen wie Kosten, terminliche Fristen oder Qualitätsvorgaben einschließen, anhand derer eine dezidierte Steuerung und Kontrolle der Abläufe möglich ist.

Grundsatz	Begriffsabgrenzung/Erläuterung
2. Grundsatz der frühestmöglichen **Digitalisierung**	Um die betrieblichen Abläufe zu beschleunigen, sollten alle Informationen möglichst frühzeitig in eine digitale Form überführt werden (vgl. hierzu den „Grundsatz des nötigen Maximalismus" oben). Eine derartige Vorgehensweise unterstützt die **Intentionen einer Integrierten Informationsverarbeitung (IIV) und** hat dementsprechend mehrere Vorteile (vgl. [Mertens (2009), S. 10–11]): 1. Bei einer einmaligen Erfassung kann der personelle Eingabeaufwand auf ein notwendiges Minimum reduziert werden. 2. Dies vermindert gleichzeitig die die Gefahr von Erfassungsfehlern, insbesondere wenn die manuelle Eingabe mit einer automatischen Konsistenz- und Plausibilitätsprüfung einhergeht. 3. Bei der Realisierung einer IIV stehen die Informationen frühzeitig allen Benutzern zur Verfügung. 4. Der Speicher- und Dokumentationsaufwand für die erfassten Daten kann reduziert werden. In einer extremen Umsetzung führt dies zu einem „papierlosen Büro". Eine detaillierte Aufstellung zu den Zielen sowie den besonderen Problemen der IIV findet sich in [Mertens (2009), S. 10–12]; vgl. hierzu auch Kapitel 5.2.2).
3. Grundsatz der größtmöglichen **(Medien-) Homogenität**	Bei der Abwicklung von Geschäftsprozessen erfordert jede Schnittstelle und jeder Medienbruch automatische oder manuelle Konvertierungsaktivitäten, die mit Kosten und Zeiten verbunden sind. Falls die Informationen zwar in digitaler Form, aber in unterschiedlichen Formaten vorliegen, werden die positiven Effekte einer frühestmöglichen Digitalisierung wieder eingeschränkt. Aus diesem Grund ist eine größtmögliche (Medien-) Homogenität anzustreben.

Grundsatz	Begriffsabgrenzung/Erläuterung
4. Grundsatz der größtmöglichen **(Medien-) Homogenität** (Fortsetzung)	***Beispiel*** *Digitale Informationen könnten beispielsweise in einer (logischen) Datenbank oder als Datei auf einem zentralen Server abgelegt werden.* *Analoge Dokumente erfordern einen vorgeschalteten Scanning-Prozess (vgl. „Grundsatz der frühestmöglichen Digitalisierung"). Anschließend können sie z.B. in ein **Document Management System (DMC)** eingecheckt und indiziert werden (eine aktuelle und ausführliche Marktübersicht zu entsprechenden Anbietern bzw. Produkten findet sich beispielsweise in [TeDo (2012 – DMC)]).*

Abbildung 3.10   Grundsätze bei der Optimierung von Geschäftsprozessen

Die aufgeführten Prinzipien müssen auf dieser allgemeinen Ebene abstrakt bzw. unpräzise bleiben. Sie sind im Rahmen von Optimierungs-Projekten weiter zu detaillieren und in konkrete Maßnahmen umzusetzen. Dabei ergeben sich zusätzliche Fragestellungen, die von der IT-Strategie eines Unternehmens maßgeblich determiniert werden. Sie betreffen die elementaren Dimensionen **„Standardisierung"** (von Hardware, Software und Prozessen), **„Homogenität"**, **„Zentralisierung"** und „Hoheit bzw. **Kontrolle"** über Hardware, Software und Prozesse (z.B. unternehmensinterne Bereitstellung von Dienstleistungen versus externe Vergabe durch Offshoring oder Outsourcing). Auf diese grundsätzlichen Aspekte wird in Kapitel 5.2.2.1 eingegangen.

In Unternehmen derselben Branche und desselben Typs gibt es zahlreiche Abläufe, die sich evolutionär entwickelt haben und besonders praktikabel sind. Daher liegt der Gedanke nahe, diese etablierten Geschäftsprozesse („**Best Practice**") in Referenzmodellen abzubilden und bei vergleichbaren Konstellationen auf das entsprechende Wissen zurückzugreifen (vgl. hierzu die terminologische Abgrenzung in [Mertens (2009), S. 19]).

3.2.3.2   Geschäftsprozess-Restrukturierung

Eine Restrukturierung (Englisch: Reengineering) zielt darauf ab, einen als mangelbehaftet befundenen **Ist-Zustand** in geordneter Form in einen gewünschten **Soll-Zustand** zu überführen. Dabei können die zugrundeliegenden IT-Systeme bereits vorhanden sein oder sie werden simultan im Rahmen der Neu-Organisation implementiert (vgl. die Punkte „Neu-Strukturierung (1)" und „IT-Strukturierung (3)" in Kapitel 3.2.2.2).

Prinzipiell gibt es zwei diametrale Möglichkeiten, um den Übergang zu realisieren:

1. **Kontinuierliche Umstellung**
   Bei einer kontinuierlichen Umstellung werden die betroffenen (Teil)- Prozesse nicht parallel, sondern nacheinander in die gewünschte Form transformiert. Dies ist jedoch nur dann möglich, wenn die betrachteten Abläufe relativ unabhängig voneinander sind und

sich nicht wechselseitig bedingen, z.B. im Rahmen von Buchungsvorgängen des internen und externen Rechnungswesens.

Eine derartige Vorgehensweise hat den Vorteil, dass man die Abläufe sukzessive betrachten kann und hierfür ein kleineres Projekt-Team vonnöten ist. Allerdings kann es bei Nicht-Beachtung der ablaufbezogenen Grundsätze zu Effektivitäts- und Effizienzverlusten kommen, wenn beispielsweise infolge einer Digitalisierung in einem Gesamt-Prozess nunmehr unerwünschte Medienbrüche auftreten.

2. **Stichtags-Umstellung**

Im Gegensatz dazu werden bei einer Stichtags-Umstellung die ausgewählten Ist-Abläufe gleichzeitig in die Soll-Prozesse transformiert. Dies ist bei Abläufen, die fachlich sehr eng miteinander verbunden sind, oftmals die einzige Option.

Beispiel

In einem chaotisch organisierten Kommissionierlager sollen die bislang rein manuellen Vorgänge durch ein computergestütztes Lagerverwaltungssystem ersetzt werden. Betroffen sind alle Prozesse vom Wareneingang über die eigentliche Lagerverwaltung bis zum Warenausgang. Dies gilt ebenso für die übergreifenden Abläufe der Planung, Steuerung und Kontrolle.

Um die notwendigen Informationen über Anlieferungen, Bestände und Auslieferungen sowie vorhandene Ressourcen und Kapazitäten in der neuen Anwendung zu hinterlegen, wird das System im Rahmen eines Projektes vorbereitet und eingestellt (vgl. Kapitel 5.3). Ab einem zuvor festgelegten Datum sollen dann alle buchungstechnisch relevanten Vorgänge in der neuen EDV-Anwendung erfolgen. Dieser Tag ist aus Praktikabilitätsgründen ein Montag.

Am Freitag vor dem sogenannten „Go-Live" schließt man das Lager, damit keine bestandsverändernden Warenbewegungen mehr stattfinden können. In den nächsten zwei Tagen wird eine vollständige Inventur durchgeführt, bei welcher die Mitarbeiter die aktuellen Ist-Bestände elektronisch in vorbereiteten Listen erfassen.

Nach deren Zusammenführung in einem Gesamt-Dokument und einer abschließenden Plausibilitätsprüfung spielt man die Datei in das neue EDV-System ein, so dass am Montagmorgen mit einem konsistenten System gestartet werden kann, in dem alle relevanten Prozesse abgebildet sind.

Als dritte Alternative könnte man noch eine **Kombination der kontinuierlichen mit der Stichtags-Umstellung** anführen. In diesem Fall werden einzelne Bereiche zu einem bestimmten Datum komplett restrukturiert, während man die übrigen Prozesse sukzessive transformiert. Es handelt sich demnach lediglich um eine spezielle Variante der kontinuierlichen Umstellung.

Bei einer stichtagsbezogenen Transformation besteht die latente Gefahr, dass die neuen Prozesse nicht so ablaufen, wie man das ursprünglich geplant hat. Dies gilt tendenziell für alle Ausprägungen der Geschäftsprozess-Implementierung (vgl. Kapitel 3.2.2.2), insbesondere jedoch für Projekte, in denen neue IT-Anwendungen eingeführt oder ersetzt werden. Im schlimmsten Fall kann die Abwicklung der betrieblichen Abläufe komplett zum Stillstand kommen oder zumindest gravierenden Einschränkungen zum Nachteil der unternehmens- internen und -externen Kunden unterliegen. Mögliche Ursachen hierfür sind u.a. menschliche Fehler, unzureichende Hardware- und/oder Software-Tests in der Vorbereitungsphase oder eine mangelhafte Unterstützung durch die Mitarbeiter.

Zudem kann wie in allen IT-Projekten auch das Phänomen der sogenannten „**Black Swans**" (Schwarze Schwäne) auftreten (vgl. hierzu [Buhl (2012)] und die dort angegebenen Litera- turhinweise). Bei diesem metaphorisch verwendeten Begriff handelt es sich um irrtümli- cherweise als unmöglich angesehene Ereignisse, die unvorhersehbar sind, massive oder gar verheerende Auswirkungen auf den weiteren Verlauf eines Projektes haben und sehr selten eintreten. Als Beispiel seien technische Schwierigkeiten bei der Anbindung von Legacy- bzw. Altsystemen an eine neue ERP-Standardsoftware genannt (vgl. [Buhl (2012), S. 54]).

Es ist daher für ein Unternehmen mitunter überlebenswichtig, bei der Geschäftsprozess- Restrukturierung ein umfassendes Risiko-Management zu betreiben und geeignete **Exit- bzw. Fallback-Strategien** zu entwickeln, die im Notfall eine Rückkehr zu der ursprüngli- chen Abwicklung ermöglichen. Dies kann beispielsweise durch einen (zumindest temporä- ren) **Parallelbetrieb** der alten und der neuen Abläufe oder die **Festlegung von Meilenstei- nen** mit definierten **Rollback-Mechanismen** erfolgen.

Im Rahmen des Geschäftsprozessmanagements hat die gewählte Vorgehensweise bei der Umstellung einen nachhaltigen Einfluss auf die Organisation und den Ablauf der Projekte. Neben der erwähnten Anzahl der benötigten Manntage determiniert sie auch die Gesamtdau- er, die für eine Restrukturierung anzusetzen ist und damit letztlich die anfallenden Kosten. Hierbei sind zwei Aspekte von besonderer Relevanz:

1. **Kosten der bestehenden Geschäftsprozesse**
   Wenn die existierenden Abläufe sehr kostenintensiv und wenig effizient sind, besteht in der Regel ein dringender Handlungsbedarf, da jeder weitere Tag vermeidbare Kosten impliziert. Folglich bedarf es am Anfang der sukzessiven Neu-Organisation einer Fest- legung, welche Geschäftsprozesse mit welcher Priorität transformiert werden sollen. Diese Entscheidung bildet den Ausgangspunkt für die anschließende Zielformulierung (vgl. Kapitel 3.2.1.1) und Abgrenzung der Abläufe (vgl. Kapitel 3.2.1.2).

2. **Kosten für externe Dienstleistungen**
   Beim Einsatz von externen Dienstleistungsunternehmen wird von diesen jede erbrachte Tätigkeit entweder zu einem vorab festgelegten Fixpreis oder einem marktkonformen Tagessatz fakturiert. Im zweiten Fall mag es daher im natürlichen Interesse des Auftrag- nehmers sein, ein tendenziell größeres Auftragsvolumen als zwingend notwendig zu vereinbaren. Wenngleich diese Vorgehensweise legitim ist, steht sie dennoch im diame- tralen Gegensatz zu den Interessen des Auftraggebers. Vor dem Start eines Projektes muss daher zwischen den beteiligten Partnern eine genaue Klärung erfolgen, welche Leistungen in welchem Zeitraum zu welchen Preisen erbracht werden sollen.

Die Kontrolle der benötigten Aufwände und der infolge einer Restrukturierung eingesparten Kosten sowie der resultierenden Nutzeffekte bildet den Projektabschluss. Eine derartige Ex-post-Betrachtung kann Anhaltspunkte für zukünftige Umstellungen sowie Hinweise auf möglicherweise noch bestehende Verbesserungspotentiale in den Geschäftsprozessen liefern (vgl. Kapitel 3.3.1).

3.3   Methodische Hilfsmittel

Bei den methodischen Hilfsmitteln kann man zwischen Anwendungen für das eigentliche Geschäftsprozessmanagement und Werkzeugen für die projektbegleitenden Aktivitäten unterscheiden. Erstere wurden bereits in Kapitel 3.2.2.1 (Geschäftsprozess-Modellierung) eingeführt. Letztere unterstützen alle phasenübergreifenden und damit übergeordneten Vorgänge.

3.3.1   Projektbegleitende Aktivitäten

IT-Projekte bzw. Aktivitäten zur Ablaufgestaltung sind ebenso wie die Existenz eines Unternehmens kein Selbstzweck (vgl. Kapitel 2.2.1). Mit ihrer Realisierung strebt man vielmehr eine Verbesserung der betrieblichen Situation in ökonomischer Hinsicht an. Folglich müssen sie wie jede unternehmerische Handlung auch geplant, gesteuert und kontrolliert werden.

3.3.1.1   Planung, Steuerung und Kontrolle

Diese Aufgaben sind Gegenstand des klassischen Projektmanagements, dessen normative Grundlagen in der DIN-Normenreihe DIN 69901 detailliert beschrieben sind (**DIN = Deutsches Institut für Normung e.V.**; vgl. [DIN 69901 (2009)]). Es unterstützt alle Tätigkeiten der Vorbereitung, Durchführung und Nachbereitung sowie der Administration und Dokumentation. Hierbei sind drei Punkte maßgeblich:

1. **Inhalt und Umfang eines (Teil-) Projektes**
   Auf die Notwendigkeit, den Inhalt und Umfang eines (Teil-) Projektes festzulegen, wurde bereits in Kapitel 3.2.1 (Vorbereitung) eingegangen. Diese initiale Abgrenzung bestimmt den Kontext für die nachfolgenden Aspekte.

2. **Termine und Zeiten**
   Im Rahmen der Fortschrittskontrolle ist zu überprüfen, ob die anfangs gemachten Vorgaben im Hinblick auf Inhalte, Termine und Zeiten auch tatsächlich eingehalten oder über- bzw. unterschritten wurden. Falls es zu negativen Abweichungen zwischen dem gewünschten Soll-Zustand und dem realisierten Ist-Zustand gekommen ist, muss man versuchen, diese Differenzen auszugleichen. Dies kann beispielsweise durch eine Reduktion des geplanten Inhalts oder den Einsatz zusätzlicher Ressourcen erfolgen.

3. **Kosten für den Einsatz der benötigten Ressourcen**
   Zu den in einem Projekt benötigten Ressourcen gehören materielle und immaterielle Betriebsmittel sowie unternehmensinterne und gegebenenfalls -externe Mitarbeiter. Ihr Einsatz verursacht Kosten, die verschiedenen Kategorien zuordenbar sind (zu den

Grundlagen der Kostenrechnung und deren Teilgebiete vgl. z.B. [Wöhe u.a. (2010), S. 921–978]). Von besonderer Bedeutung ist hierbei die Unterscheidung in entscheidungsrelevante und -irrelevante Kosten. Sie werden durch die Realisierung einer betriebswirtschaftlichen Handlungsalternative determiniert und können als Einzel- oder Gemeinkosten fixen oder variablen Charakter haben.

Beispiel
In Kapitel 3.2.3.2 wurde auf mögliche Konstellationen beim Einsatz von externen Dienstleistungsunternehmen hingewiesen. Ein vorab festgelegter Fixpreis hat naturgemäß andere Nachwirkungen auf die Gesamtkosten eines Projektes als eine Abrechnung zu marktkonformen Tagessätzen. Dies gilt insbesondere dann, wenn die zu erbringenden Leistungen anfangs nicht exakt beschrieben wurden oder die Anzahl der bereitgestellten Mitarbeiter im Projektverlauf variiert. Letzteres tritt häufig bei Terminverzögerungen ein, weil auch die beauftragten Dienstleister ihrerseits eine Ressourcendisposition vornehmen und ihre Mitarbeiter zwischenzeitlich eventuell schon anderweitig verplant haben.

3.3.1.2   Administration und Dokumentation

Die in Kapitel 3.3.1.1 genannten Punkte müssen für das Berichtswesen und das Controlling verwaltet, dokumentiert und archiviert werden. Hierfür können wie bei der Modellierung von Geschäftsprozessen wiederum formale oder informale Methoden sowie manuelle oder computergestützte Hilfsmittel zum Einsatz kommen (vgl. Kapitel 3.2.2.1). Bei größeren und komplexen Vorhaben ist die Nutzung einer professionellen **Projektmanagement-Software** anzuraten, welche die vielfältigen Abhängigkeiten und Beziehungen zwischen den einzelnen Teilaufgaben verwaltet. Eine aktuelle und ausführliche Marktübersicht zu entsprechenden Anbietern bzw. Produkten findet sich beispielsweise in [TeDo (2012 – PM)]).

Im Zusammenhang mit der Optimierung von Geschäftsprozessen wurde der „**Grundsatz der eindeutigen Verantwortung**" erläutert (vgl. Kapitel 3.2.3.1). Dieser hat auch bei den Aktivitäten des Projektmanagements eine zentrale Bedeutung, da auf jede Soll-Ist-Abweichung in geeigneter Form reagiert werden muss und hierfür jeweils eine konkrete Ansprech- sowie Vertretungsperson zu benennen ist.

Um das ebenfalls benannte der **Phänomen der wechselseitigen Schuldzuweisung** („**Finger Pointing**") in kritischen Situationen zu vermeiden, ist eine **Dokumentation und Protokollierung** der einzelnen Schritte über den gesamten Zeitraum hinweg dringend erforderlich (vgl. Kapitel 3.2.3.1). Dementsprechend sollte jedes projektbezogene Treffen, das einen offiziellen Charakter hat, in einem Protokoll schriftlich festgehalten werden. Hierbei ist es vollkommen irrelevant, ob die Zusammenkunft in Form eines persönlichen Treffens oder einer Telefon- bzw. Videokonferenz stattfindet. Entscheidend ist vielmehr die Fixierung von Art und Inhalt der behandelten Themen zusammen mit dem jeweiligen Verantwortungsträger sowie einem (Bereitstellungs-) Termin. Bei der Art eines Tagesordnungspunktes kann man z.B. die **Kategorien „Aufgabe", „Information", „Entscheidung"** und **„Status-Feststellung"** unterscheiden.

Es sollte prinzipiell der Grundsatz gelten, dass eine Versammlung bzw. Vereinbarung, zu der es kein Schriftstück gibt, schlichtweg nicht stattgefunden hat. Letzteres ist vom Projektmanagement in einer möglichst aussagekräftigen und prägnanten Form zu erstellen und zusammen mit einer **Liste der offenen Punkte** (OPL bzw. Offene-Punkte-Liste)zeitnah an alle beteiligten Personen zu versenden.

Zu Beginn jeder (Folge-) Besprechung muss das Protokoll der vorangegangenen Zusammenkunft von allen beteiligten Personen angenommen bzw. noch korrigiert und dann verabschiedet werden. Diese Vorgehensweise stellt sicher, dass alle involvierten Personen über den aktuellen Stand des Projektes und ihre jeweilige Rolle sowie die von ihnen zu erledigenden Aufgaben informiert sind.

3.3.2 Kernaufgaben

Im Rahmen der **Modellierung** von Geschäftsprozessen wurde auf die verschiedenen Möglichkeiten zur Unterstützung dieser zentralen Tätigkeit eingegangen (vgl. Kapitel 3.2.2.1). Die genannte Klassifikation gilt tendenziell auch für die weiteren Kernaufgaben der **Analyse** und **Optimierung**. Allerdings sind diese Tätigkeiten weniger strukturiert und erfordern stattdessen eine mehr erfahrungsbasierte bzw. intuitive Vorgehensweise. Man kann sie zwar durch geeignete Hilfsmittel unterstützen, etwa die Berechnung und graphische Darstellung von betriebswirtschaftlich relevanten Kennzahlen. Deren Interpretation und damit auch die Wahl von strategisch sinnvollen Handlungsalternativen bleiben jedoch letztlich dem menschlichen Benutzer vorbehalten. Insofern liegt auch der Schwerpunkt der angebotenen Software-Lösungen auf dem Gebiet der Modellierung (vgl. hierzu erneut die Marktübersicht in [TeDo (2012 – BPM)]).

Die Abbildung der Realität auf betriebswirtschaftlicher Ebene kann dabei in unterschiedlichen Detaillierungsgraden erfolgen („**Business-to-Model**"). Sie bildet die Grundlage für die anschließende Modellierung in technischer Hinsicht („**Model-to-Execution**"). In Analogie dazu ist die semantische Abbildung von der technischen Umsetzung in lauffähige Anwendungen klar zu trennen (vgl. hierzu insbesondere Kapitel 4.2.2).

Beim Einsatz von computergestützten Lösungen für das Geschäftsprozessmanagement ergeben sich verschiedene Vor- und Nachteile (vgl. Abbildung 3.11).

Vorteile	Nachteile
• **Systematische Vorgehensweise**, die durch die Konventionen der Software-Lösung vorgegeben werden	• **Komplexität** der Software-Lösung ist zu groß bzw. Funktionen werden gar nicht genutzt
• **Einheitliche Visualisierung** der Prozesse in unterschiedlichen Detaillierungsgraden	• Gefahr des **Over-Engineering** (d.h. eine viel zu feine Zergliederung der erfassten Geschäftsprozesse)
• **Transparenz** und damit Nachvollziehbarkeit, Nachprüfbarkeit und Kontrollierbarkeit der Geschäftsprozess-Modellierung	• Gefahr des **Selbstbetrugs** (d.h. ansprechende Modellierungs-Dokumente täuschen eine genaue Realitätswiedergabe eventuell nur vor)
• Einfache **Aktualisierbarkeit und Anpassbarkeit** bei Prozessänderungen (Dokumentation)	• **Paralyse durch Analyse** (d.h. die Verwendung der Software-Lösung entwickelt im Projekt eine Eigendynamik und der Projektaufwand wird durch die technisch mögliche Genauigkeit unnötig vergrößert)
• **Wiederverwendbarkeit** der archivierten bzw. in der Software-Lösung hinterlegten Arbeitsergebnisse, z.B. um neue Mitarbeiter einzuarbeiten	• **Triumph der Technik über den Menschen** (d.h. die perfekte technische Modellierung vernachlässigt den „menschlichen Faktor" und Aspekte des Change Management)

Abbildung 3.11 Vor- und Nachteile des Einsatzes von Software-Lösungen beim Geschäftsprozessmanagement

In dem folgenden Kapitel vier werden die theoretischen Grundlagen einer Gesamtkonzeption zur Unterstützung des Geschäftsprozessmanagements und deren Umsetzung in eine konkrete Software-Lösung beschrieben.

4 Architektur integrierter Informationssysteme (ARIS)

4.1 Übersicht

Die „**Architektur integrierter Informationssysteme (ARIS)**" ist ein Rahmenkonzept für die ganzheitliche Beschreibung von betrieblichen Geschäftsprozessen bzw. Anwendungssystemen und deren Einsatz in Unternehmen. Sie wurde in den 1980/90er-Jahren von dem deutschen Hochschullehrer und Manager August-Wilhelm Scheer entwickelt, der zuvor auch das **Y-CIM** (**C**omputer **I**ntegrated **M**anufacturing)-Modell entworfen hat. Letzteres dient in der graphischen **Form eines Y** zur Darstellung der informationellen Verbindungen zwischen den primär betriebswirtschaftlich-planerischen Aufgaben und den vorrangig technischen Funktionen in einem Industrieunternehmen (vgl. [Scheer (1989)], [Scheer (2001)], [Scheer (2002)]).

Vor diesem Hintergrund kann man das **ARIS-Modell** als einen generischen **Meta-Ansatz bzw. ein Vorgehensmodell** betrachten, dessen Gegenstand die **systematische Abbildung der Kern- und Hilfsprozesse in Unternehmen** und letztlich deren Unterstützung durch Informationssysteme ist. Die zur Verfügung gestellten Beispiele von idealtypischen Abläufen in verschiedenen Branchen und Typen dienen zudem als Referenzmodell (vgl. hierzu erneut die terminologische Abgrenzung in [Mertens (2009), S. 19]).

Auf dem theoretischen Konzept basieren verschiedene **Software-Produkte zur Geschäftsprozess-Modellierung, -analyse und -optimierung**, die in der betrieblichen Praxis weit verbreitet sind (vgl. [Scheer (2002)]; [Scheer u.a. (2002)], [Scheer u.a. (2003)], [Software AG (2012 – ARIS Platform)]). Sie wurden zunächst von der 1984 als Universitäts-Spin-Off gegründeten IDS Prof. Scheer GmbH bzw. ab 1999 von der IDS Scheer AG vertrieben, deren Logo der jeweilige Firmenname sowie das „Y" aus dem Y-CIM-Ansatz war. Seit der Übernahme des Unternehmens im Jahr 2010 sind die ARIS-Lösungen Bestandteil des Produktportfolios der Software AG (vgl. [Software AG (2012 – Geschichte)] und Kapitel 4.3).

Einen neueren Ansatz stellt das wiederum von Scheer bzw. der Scheer Management GmbH entwickelte Werkzeug „**Scheer Process Tailor**" zum „Maßschneidern" (Englisch: Tailoring) von generischen Prozesstypen und deren konkreter Umsetzung dar (vgl. [Scheer u.a. (2012), S. 68–70]). Basierend auf der Erfahrung, dass jede Ausprägung bzw. Instanz eines Ablauftyps immer auch spezifische Variationen beinhaltet, umfasst die Modellierung nicht nur isolierte Geschäftsprozesstypen, sondern vielmehr hierarchisch angeordnete Schablonen mit der Möglichkeit einer Mehrfachverwendung. Hierdurch kann der Aufwand bei der Geschäftsprozess-Modellierung reduziert werden (vgl. [Scheer u.a. (2012), S. 65–70]).

4.2   ARIS-Konzept

Dem ARIS-Modell liegen **zwei grundsätzliche Betrachtungsweisen** zugrunde, die in der Form eines Hauses dargestellt werden („**ARIS-House of Business Engineering (HOBE)**"; vgl. Abbildung 4.1):

1. Einerseits betrachtet man die **Elemente und Strukturen** eines betrieblichen Informationssystems.

2. Andererseits werden die hierin ablaufenden **Funktionen und Prozesse** aufgezeigt.

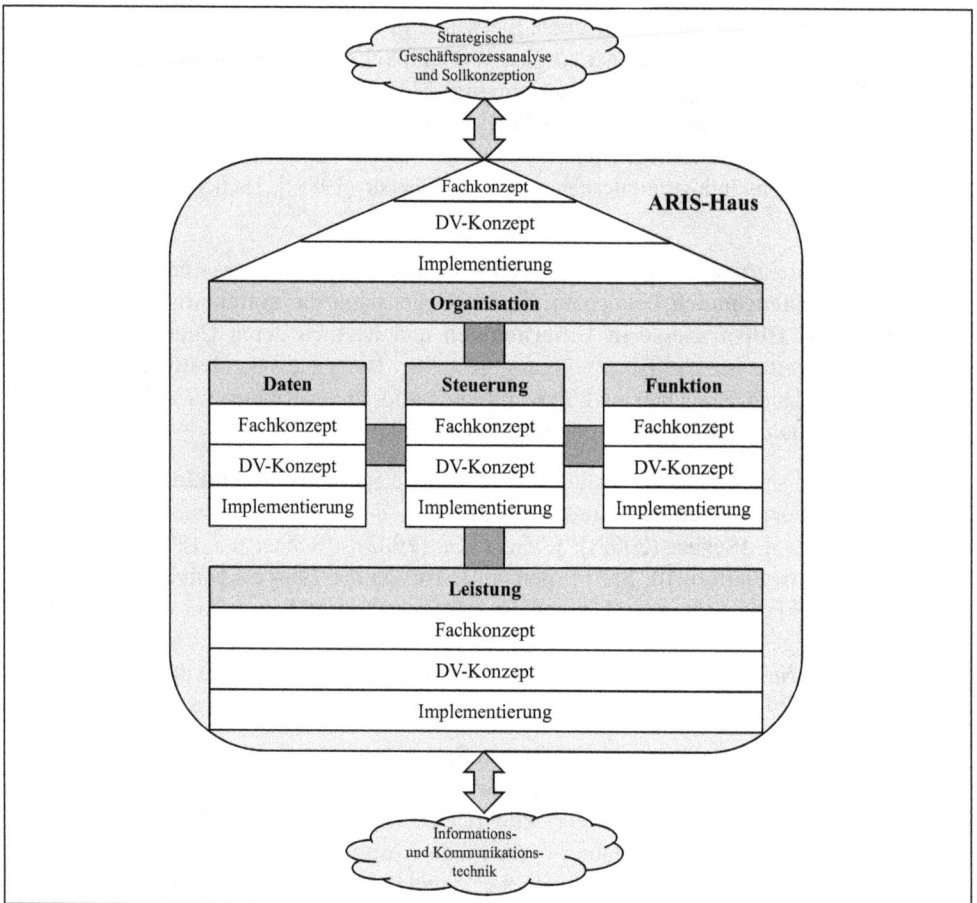

Abbildung 4.1   ARIS-Haus (Eigene Darstellung nach [Scheer (2001), S. 1])

Hierdurch kommen die Abhängigkeiten und Interdependenzen zwischen den verschiedenen Komponenten unter einem gemeinsamen Dach bildhaft zum Ausdruck.

In ARIS gibt es dazu **fünf unterschiedliche Beschreibungssichten**, die jeweils **drei verschiedene Beschreibungsebenen** umfassen:

- **Beschreibungssichten**
  Ein Informationssystem kann wie jedes andere natürliche oder künstliche Gebilde aus unterschiedlichen Perspektiven betrachtet werden.

  Beispiel
  So interessiert sich etwa ein Software-Entwickler aus der IT-Abteilung vor allem für die bestehenden Abhängigkeiten zwischen den zu verarbeitenden Daten. Hingegen steht für einen Endbenutzer aus der Fachabteilung beispielsweise primär die effiziente Bedienbarkeit bzw. Funktionalität einer Anwendung im Vordergrund.

  In ARIS gibt es die fünf Beschreibungssichten „**Organisation**", „**Funktion**", „**Daten**", „**Leistung**" und „**Steuerung**". Letztere nimmt dabei eine Sonderstellung ein, da in ihr die Geschäftsprozesse modelliert und hierüber die übrigen vier Sichten miteinander verknüpft werden. Dementsprechend ist die Steuerungssicht auch im Mittelpunkt des ARIS-Hauses angesiedelt.

- **Beschreibungsebenen**
  Innerhalb der verschiedenen Beschreibungssichten kann man die Objekte mit einem unterschiedlichen Detaillierungsgrad betrachten. Der Ausgangspunkt bei der Entwicklung eines betriebswirtschaftlichen Anwendungssystems ist generell die Problemstellung, für die es eine ökonomisch sinnvolle Lösung zu finden gilt. Wie diese letztlich mittels der Informations- und Kommunikationstechnik realisiert wird, hängt u.a. von dem technologischen Entwicklungsstand und den zur Verfügung stehenden Ressourcen ab. Die Art der Implementierung kann also selbst bei einer gleichbleibenden Problemstellung im Zeitverlauf variieren. Insofern ist die Einführung unterschiedlicher Genauigkeitsgrade durchaus sinnvoll.

  Beispiel
  Beispiele für technologische Neuerungen sind etwa die Einführung einer neuen Programmiersprache für webbasierte Anwendungen oder die Entwicklung mobiler Endgeräte, die wiederum Einfluss auf die Gestaltung der abzuwickelnden Geschäftsprozesse haben.

  ARIS unterscheidet die drei Beschreibungsebenen „**Fachkonzept**", „**DV-Konzept**" und „**(Technische) Implementierung**".

Wenn man die fünf Beschreibungssichten und die drei Beschreibungsebenen kombiniert, gelangt man zu einer idealtypischen Matrix mit fünfzehn Feldern, denen jeweils bestimmte Modellierungsmethoden zugeordnet sind. ARIS bildet somit gewissermaßen den formalen Rahmen für deren Einordnung und integrative Verknüpfung (vgl. Kapitel 4.2.3).

4.2.1   Beschreibungssichten

4.2.1.1   Organisationssicht

Ab einer bestimmten Größe kann prinzipiell jedes Unternehmen nur noch arbeitsteilig betrieben werden. Gegenstand der Organisation als Teil der Unternehmensführung ist in diesem Kontext die Schaffung einer strukturierten Ordnung durch dauerhafte Regeln zum Zwecke der effizienten Leistungsverwertung und -erstellung (vgl. z.B. [Wöhe u.a. (2010), S. 107–128)]). Dadurch sollen die gesetzten Ziele erreicht und letztlich der ökonomische Erfolg sichergestellt werden.

Im Hinblick auf die Zustandsbeschreibung eines Systems umfasst der Begriff „Organisation" zwei Teilbereiche, die sich wechselseitig beeinflussen:

- **Aufbauorganisation**
  Die (statische) Aufbauorganisation regelt langfristig die hierarchische Ordnung sowie die formellen Beziehungen zwischen den verschiedenen Systemelementen. Da Änderungen mit einem hohen Aufwand verbunden sind, werden derartige Restrukturierungen oftmals nur in Teilbereichen und/oder mit einem großen zeitlichen Abstand durchgeführt. Beispiele sind der Aufbau von Abteilungen oder die räumliche Anordnung der Wege und Regaltypen in einem Warenlager.

- **Ablauforganisation**
  Im Unterschied dazu beinhaltet die (dynamische) Ablauforganisation die mittel- bis kurzfristigen Entscheidungen und Vorgaben zur Gestaltung der räumlichen sowie zeitlichen Folge der Arbeitsabläufe. Der Aufwand für eine Restrukturierung ist zwar wesentlich geringer, allerdings bedingt sie häufig wiederum eine Änderung der Aufbauorganisation. Als Beispiel seien die Kommissionierprozesse im Rahmen der Warenauslieferung bei der Kundenauftragsabwicklung von Handelsunternehmen genannt, die mitunter Auswirkungen auf die Anordnung der Regale im Lager haben.

In der Organisationssicht von ARIS wird nur die Aufbauorganisation betrachtet. Da sich die Ablauforganisation in den Geschäftsprozessen manifestiert, ist sie impliziter Bestandteil der Steuerungssicht (vgl. Kapitel 4.2.1.5).

Zu den Elementtypen der Organisationssicht gehören auf der Fachkonzeptebene z.B. **Organigramme**. Damit ist es möglich, die Aufbauorganisation in strukturierter Form zu modellieren und dabei auch die bestehenden Abhängigkeiten und Hierarchien abzubilden.

Beispiel
Ein Beispiel ist die Gesamt-Organisation eines Unternehmens, in der es eine IT-Abteilung mit verschiedenen Gruppen gibt, von denen eine sich mit der Wartung des ERP-Systems beschäftigt. Diesem Team wiederum seien mehrere Stellen zugeordnet, z.B. eine für die Entwicklung neuer Anwendungen und eine für die Einstellung der zahlreichen Parameter, die konkret mit den Personen X und Y besetzt sind.

4.2.1.2 Funktionssicht

Die Funktionssicht beinhaltet die Aufgaben oder Tätigkeiten, die es zur Erfüllung der betrieblichen Zielsetzung in den verschiedenen Unternehmensbereichen auszuführen gilt. Im Hinblick auf die Managementebene, den Planungshorizont, die Bedeutung für das Gesamtunternehmen und den Verdichtungsgrad kann man dabei „strategische", „taktische", „operative" und eventuell „dispositive" Aufgaben unterscheiden (vgl. z.B. [Wöhe u.a. (2010), S. 76–82]).

Beispiel
So wird der Vorstand eines größeren Unternehmens kaum die Einstellung bestimmter Parameter in einem ERP-System vornehmen, sondern vielmehr planerische Aufgaben längerfristiger bzw. strategischer Art übernehmen. Hingegen ist es die Aufgabe eines Mitarbeiters im operativen Vertrieb, die Anfrage eines Kunden möglichst schnell zu bearbeiten und gegebenenfalls ein passendes Angebot abzugeben, damit der Kunde dem Unternehmen mit möglichst hoher Wahrscheinlichkeit einen Auftrag erteilt.

Um die genannten Tätigkeiten abbilden und entsprechend ihrer hierarchischen Struktur verknüpfen zu können, gibt es in ARIS verschiedene Diagrammarten, wie etwa Anforderungsbäume und Zieldiagramme.

4.2.1.3 Datensicht

In der Datensicht erfolgt die Modellierung der Informationen, die einem Integrierten System zu verarbeitenden sind. Da in betriebswirtschaftlichen Anwendungen die Anzahl der abzubildenden Objekttypen in der Regel hoch ist und zwischen diesen zudem vielfältige Interdependenzen bestehen, können die entsprechenden Modelle sehr groß und damit unübersichtlich werden.

Für die Modellierung stehen in der Datensicht auf der Fachkonzeptebene u.a. erweiterte Entity Relationship-Modelle (eERM) einschließlich Datenclustern zur Verfügung.

4.2.1.4 Leistungssicht

Die Leistungssicht wurde als letzte der fünf Perspektiven erst im Jahr 1998 in das Metamodell des „House of Business Engineering" eingeführt, so dass sie in älteren Publikationen zum Thema „ARIS" noch nicht vorhanden ist (vgl. [Scheer (2002), S. VI]).

Generell sind materielle Sach- und immaterielle Dienstleistungen das Ergebnis von Geschäftsprozessen. Bei einem vorhandenen Bedarf können sie aber ebenso der Auslöser für deren Ausführung sein.

Beispiel
Ein Beispiel hierfür ist die KANBAN-Methodik, die auf dem Hol- bzw. Pull-Prinzip beruht. Sobald in einer Verbrauchsstelle (Senke) durch Entnahme ein zuvor festgelegter Mindestbestand erreicht oder unterschritten wird, erfolgt automatisch eine Bestellung an die vorgela-

gerte Quelle. Diese löst dann ihrerseits einen Produktions- und/oder Lieferprozess aus, der
zur Bedarfsdeckung führt (vgl. hierzu beispielsweise [Scheer (1997), S. 401–402]).

Aufgrund der Erkenntnis, dass Leistungen bezüglich ihrer Implementierung keine spezifischen Verfahren beinhalten, werden sie im Unterschied zu den anderen Sichten nur auf der Fachkonzeptebene behandelt und darin mittels Produktbäumen modelliert (vgl. [Scheer (2001), S. 93] und Kapitel 4.2.2).

4.2.1.5   Steuerungssicht

Die Steuerungssicht ist die **zentrale Perspektive** im ARIS-House of Business Engineering, da über sie die **logische Verknüpfung der anderen vier Sichten** erfolgt. Im Hinblick auf die originären Aufgaben eines Unternehmens sind die Einheiten „Organisation", „Funktion", „Daten" und „Leistung" gewissermaßen nur Mittel zum Zweck. Hingegen repräsentiert die effiziente Abwicklung der Geschäftsprozesse das eigentliche Ziel einer Integration der übrigen Perspektiven. Daher sollte in einem Restrukturierungs-Projekt die Abbildung und Analyse der dynamischen Abläufe auch zuletzt geschehen.

Für die Modellierung der Geschäftsprozesse wird die graphische Methode der Ereignisgesteuerten Prozessketten (EPK) in einer Spalten-, Zeilen- oder Tabellendarstellung verwendet. Sie besteht prinzipiell aus Knoten und Kanten und beinhaltet neben den grundlegenden Elementen „Ereignis" und „Funktion" auch Steuer- und Verknüpfungsoperatoren (vgl. Abbildung 4.2).

Symbol	Bezeichnung	Begriffsabgrenzung
Ereignis	Ereignis	Ein Ereignis ist das Eingetretensein eines betriebswirtschaftlich relevanten Zustandes (Status), der den weiteren Ablauf eines oder mehrerer Geschäftsprozesse steuert oder beeinflusst. Ereignisse lösen Funktionen aus und sind selbst wiederum das Ergebnis von Funktionen. Jeder Geschäftsprozess beginnt und endet mit einem Ereignis.
Funktion	Funktion	Eine Funktion ist eine fachliche Aufgabe bzw. Tätigkeit an einem Objekt zur Unterstützung eines oder mehrerer Unternehmensziele.

Symbol	Bezeichnung	Begriffsabgrenzung
	Kontrollfluss	Der Kontrollfluss beschreibt den logischen Ablauf von Geschäftsprozessen in sachlicher und zeitlicher Hinsicht.
	Konnektoren bzw. Verknüpfungsoperatoren: • UND, (beide Alternativen müssen durchlaufen werden), • inklusives ODER (mehrere Alternativen sind parallel möglich), • exklusives ODER (genau eine von mehreren Alternativen ist möglich).	Regeln stellen Verknüpfungsoperatoren dar, mit denen die logischen Verbindungen von z. B. Ereignissen und Funktionen in Prozessketten festgelegt werden können.
Prozess-schnittstelle	Prozessschnittstelle	Eine Schnittstelle repräsentiert den Übergang von einem (Teil-) Prozess zu einem anderen (Teil-) Prozess.

Abbildung 4.2   Wichtige Elemente der Ereignisgesteuerte Prozesskette (EPK; vgl. [Software AG (2012 – ARIS-Methoden)])

Die Modellierung der zahlreichen Verbindungen zur Organisations-, Funktions-, Daten- und Leistungssicht führt schließlich zu erweiterten Ereignisgesteuerten Prozessketten (eEPK; vgl. Abbildung 4.3). Sie können neben den genannten Elementen beispielsweise auch Anwendungssystem- und Personentypen sowie Fachbegriffe und Datencluster beinhalten.

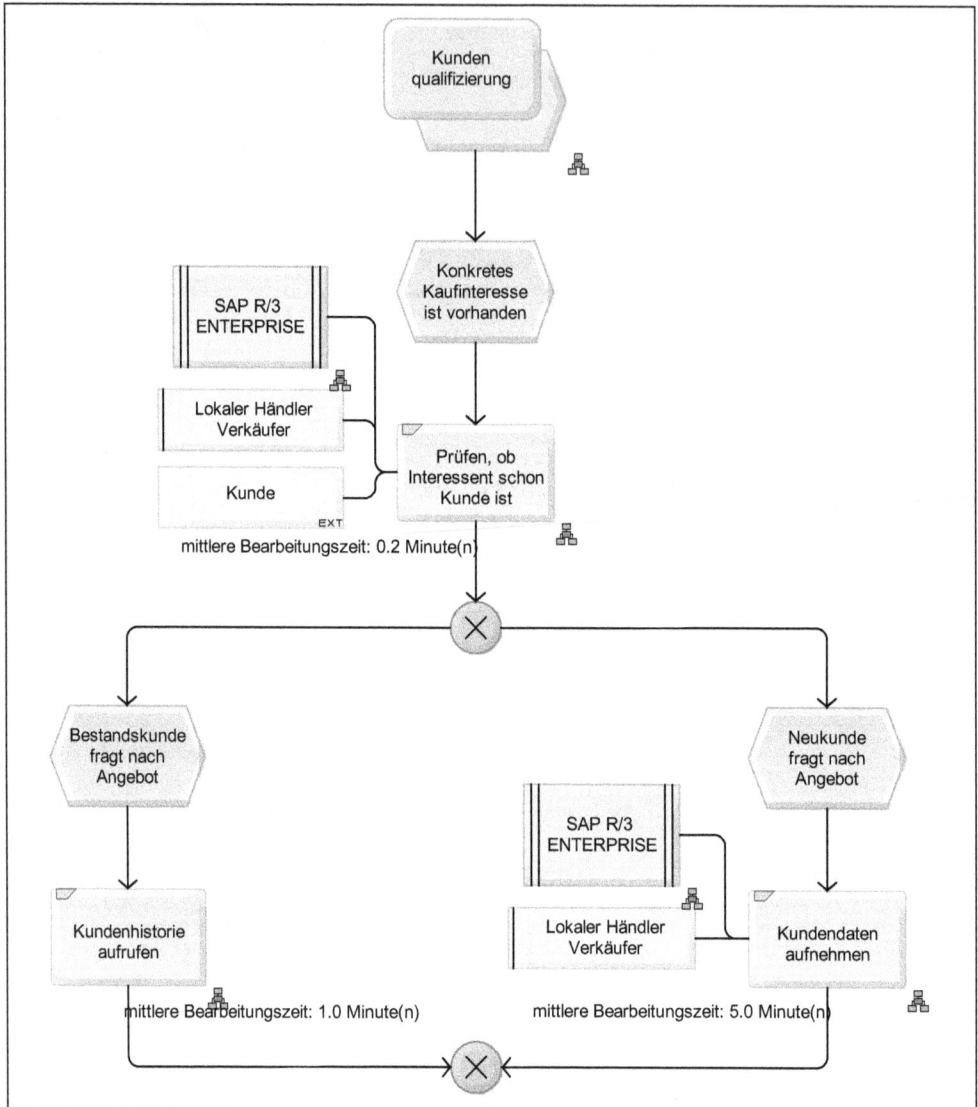

Abbildung 4.3   Beispiel für eine erweiterte Ereignisgesteuerte Prozesskette (eEPK) „Angebotsabwicklung in ERP (Soll; Ausschnitt)" (vgl. [Software AG (2012 – ARIS-Beispiel)])

Zusammenfassend soll die folgende Aufstellung diese Abhängigkeiten noch einmal verdeutlichen:

- Im Zentrum der Betrachtung stehen die Geschäftsprozesse (*z.B. Kundenauftragsabwicklung*).

- Ereignisse (*z.B. Kundenauftrag ist eingetroffen*) lösen eine oder mehrere Funktionen (*z.B. Auftragserfassung und -prüfung*) aus.

- Funktionen führen zu einem oder mehreren Ereignissen (*z.B. Kundenauftrag ist kalkuliert und Kundenauftrag ist bestätigt*).

- Funktionen werden von Mitarbeitern (*z.B. Person X*) und/oder IT-Anwendungen (*z.B. ERP-System*) durchgeführt.

- Mitarbeiter (*z.B. Person X*) besetzt eine Personalstelle (*z.B. Referent/in Kundenauftragsbearbeitung*).

- Personalstelle (*z.B. Referent/in Kundenauftragsbearbeitung*) ist einer Organisationseinheit (*z.B. Abteilung „Marketing und Vertrieb"*) zugeordnet.

- Daten werden im Rahmen von Funktionen generiert (*z.B. Kundenauftrag anlegen*) und/oder modifiziert (*z.B. Kundenauftrag ändern*).

- Geschäftsprozesse (*z.B. Kundenauftragsabwicklung*) führen zu Leistungen (*z.B. Auslieferung des Auftrags an den Kunden*).

Eine vollständige Auflistung der möglichen Objekte, Attribute und Methoden, die in erweiterten Ereignisgesteuerten Prozessketten verwendet werden können, findet sich in [Software AG (2012 – ARIS-Methoden)]).

4.2.2   Beschreibungsebenen

In einer freien Marktwirtschaft ist es die Aufgabe der betrieblichen Kern- und Unterstützungsprozesse, die strategischen Ziele eines Unternehmens zu unterstützen und dessen langfristige Existenz sicherzustellen. Dies gilt insbesondere für private Institutionen, die sich mit ihren Dienstleistungen und/oder Produkten auf polypolistischen Märkten mit einer Vielzahl von Anbietern und Nachfragern bewegen. Auf diesen Konkurrenz- oder Wettbewerbsmärkten ist es besonders wichtig, das Wirtschaftlichkeitsprinzip zu beachten und die betrieblichen Aufgaben effizient abzuwickeln.

Der Ausgangspunkt bei der Konzeption und Realisierung von Integrierten Informationssystemen ist daher immer die **betriebswirtschaftliche Problemstellung**. Sie hat normalerweise eine natürlichsprachliche Form und ist damit unstrukturiert. Für die Umsetzung in eine IT-Lösung muss sie mit zunehmender Nähe zur Informations- und Kommunikationstechnik sukzessive detailliert und mittels geeigneter Modellierungsmethoden beschrieben werden (vgl. Abbildung 4.4). Hierbei symbolisiert die Breite der grauen Pfeile in der Abbildung die Abhängigkeit zwischen den verschiedenen Ebenen.

4.2.2.1   Fachkonzept

Die Fachkonzept-Ebene ist die oberste Modellierungsstufe. In ihr werden die zu lösenden Probleme in einer formalisierten Darstellung abgebildet, um die verschiedenen Objekte und deren Beziehungen in einer strukturierten Form zu repräsentieren. Hierdurch ist es überhaupt erst möglich, die anschließende Konzeption und technische Implementierung vorzunehmen.

Da die Beschreibungssichten „Organisation", „Funktion", „Daten", „Leistung" und „Steuerung" bezüglich der zu lösenden Problemstellungen sehr heterogen sind, gibt es auf dieser Ebene zahlreiche Modellierungsmethoden. Während beispielsweise zur Beschreibung einer Unternehmensstruktur hierarchisch aufgebaute Organigramme verwendet werden, sind für die Modellierung der Geschäftsprozesse naturgemäß etwa Wertschöpfungsdiagramme oder Ereignisgesteuerte Prozessketten geeignet.

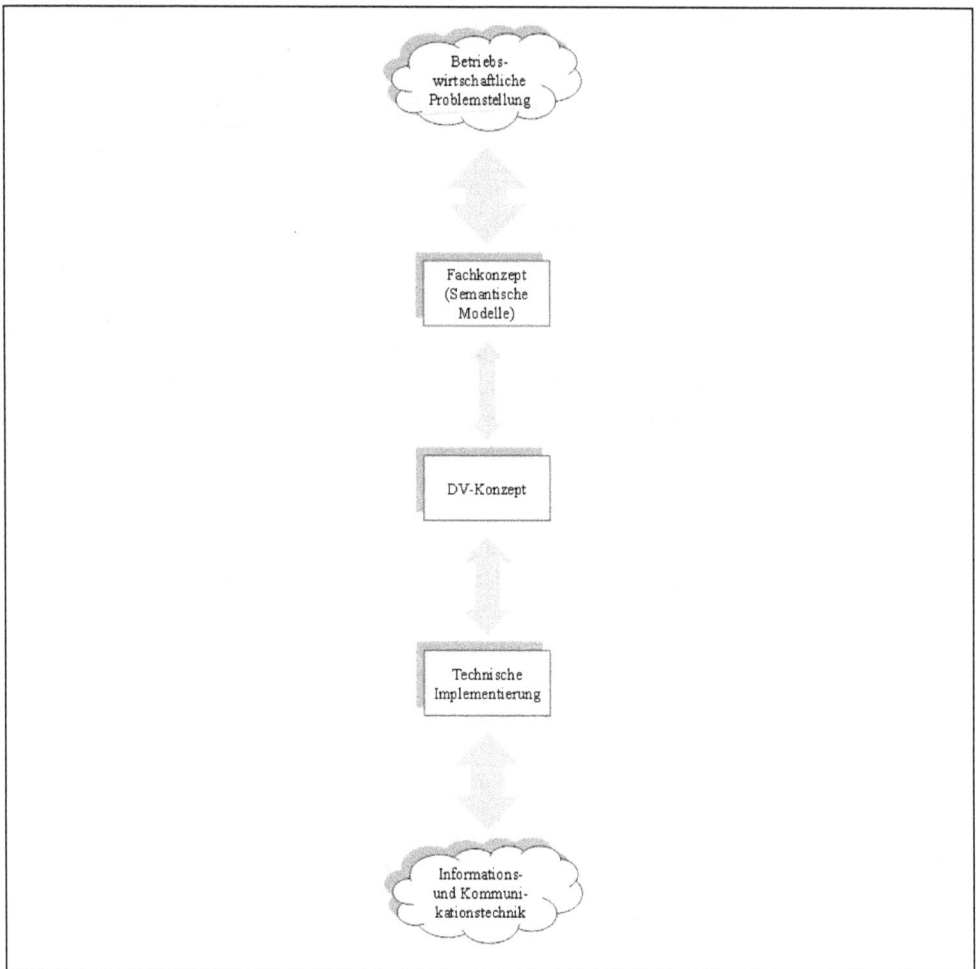

Abbildung 4.4   ARIS-Phasenkonzept (Eigene Darstellung nach [Scheer (1997), S. 15])

4.2.2.2   DV-Konzept

Auf der Beschreibungsebene des DV-Konzepts erfolgt die Umsetzung der formalisierten Problemstellung in die Konzepte und Terminologien der Informationsverarbeitung. Dabei stehen allgemeine Ansätze der Informationsverarbeitung im Mittelpunkt, die unabhängig von bestimmten Herstellern und/oder Technologien sind. Als Beispiele seien objektorientierte oder relationale Datenmodelle und monolithische versus verteilte IT-Anwendungen und -Systeme genannt.

4.2.2.3   Implementierung

Die Implementierungsebene ist die letzte Stufe vor der eigentlichen Umsetzung der zuvor konzipierten Objekte in konkrete Applikationen. Infolgedessen besteht zwischen diesen beiden Ebenen eine sehr enge Verbindung. Wegen des technologischen Fortschritts und der möglichen Änderungen bei der Hard- und Software muss sie aber gleichzeitig hinreichend flexibel sein.

4.2.3   Modellierungsmethoden

Aus der Kombination der fünf Beschreibungssichten und drei Beschreibungsebenen ergibt sich ein Rahmen für die Einordnung der Modellierungsmethoden, die bei der Entwicklung von Informationssystemen angewendet werden können (vgl. Abbildung 4.5). Dabei nimmt ihre Anzahl innerhalb der verschiedenen Sichten mit zunehmender Nähe zur Informations- und Kommunikationstechnik naturgemäß ab. Besonders deutlich wird dies in der Funktionssicht auf der Implementierungsebene.

	Fachkonzept	Daten-verarbeitungs-konzept	(Technische) Implementierung
Organisations-sicht	• Organigramm	• Netztopologie	• Netzdiagramm
Funktionssicht	• Funktionsbaum	• Struktogramm	• Programmcode
Datensicht	• Datencluster • Entity Relationship-Modell (ERM)	• Relationen- bzw. Tabellen-diagramm	• Relationen
Leistungssicht	• Produktbaum	–	–
Steuerungssicht	• Ereignis-gesteuerte Prozesskette (EPK) • Erweiterte Ereignisgesteu-erte Prozesskette (eEPK) • Vorgangs-diagramm • Wertschöp-fungsdiagramm	• Zugriffs-diagramm	• Aktivitäts-diagramm • Zugriffs-diagramm

Abbildung 4.5   Modellierungsmethoden in den ARIS-Beschreibungssichten und -ebenen

Bei der Konzeption und Realisierung eines betrieblichen Informationssystems obliegt die Auswahl der jeweils einzusetzenden Methoden letztlich dem Anwender. Insofern bildet ARIS ein Metakonzept, dessen sinnvolle Nutzung eine entsprechende Erfahrung bei der Modellierung bedingt.

4.3   ARIS in der betrieblichen Praxis

4.3.1   ARIS-Software

Die Software AG bietet unter dem Oberbegriff „ARIS Platform" verschiedene Produkte bzw. Komponenten zum Geschäftsprozessmanagement an (vgl. Abbildung 4.6). Sie umfassen prinzipiell die Bereiche „Modellierung", „Analyse" und „Optimierung" bzw. „Restrukturierung" von Unternehmensabläufen. Die Betrachtung erfolgt hierbei mit verschiedenen Detaillierungsgraden und einem unterschiedlichen Zeithorizont auf strategischer, taktischer und operativer Ebene.

ARIS Platform		
Komponente	**Modul**	**Funktion**
ARIS Strategy Platform	ARIS Business Optimizer	Analyse und Optimierung von Geschäftsprozessen
	ARIS Business Strategy	Definition und Implementierung von Geschäftsstrategien
	ARIS Six Sigma	Unterstützung des Six Sigma-Zyklus (DMAIC: Define, Measure, Analyze, Improve, Control)
ARIS Design Platform	ARIS Business Architect	Modellierung und Design von Geschäftsprozessen
	ARIS Business Publisher	Bereitstellung von Informationen über Prozesse oder IT-Architekturen in Unternehmensportalen
	ARIS Process Governance	Festlegung von Unternehmensrichtlinien für das Geschäftsprozessmanagement und Automatisierung der Steuerungsprozesse anhand eines modellbasierten Ansatzes (Modellverwaltung)
	ARIS IT Architect	Enterprise Architecture Management (Standardisierung von Geschäftsprozessen)

ARIS Platform		
Komponente	**Modul**	**Funktion**
	ARIS IT Inventory	Verwaltung komplexer IT-Umgebungen
ARIS Implementation Platform	ARIS for SAP	Entwurf, Dokumentation und Optimierung von SAP-Prozessen
	ARIS SOA Architect (SOA = Service Oriented Architecture (englisch) bzw. Service-orientierte Architektur (deutsch); vgl. Kapitel 5.3.2.1)	Unterstützung beim Aufbau einer geschäftsprozessbasierten Serviceorientierten Architektur
	ARIS Business Rules Designer	Beschreibung von Geschäftsregeln und Integration in die Geschäftsprozesse
ARIS Implementation Platform (Fortsetzung)	ARIS UML Designer	Modellierung von Geschäftsprozessen mittels Unified Modeling Language (UML) und Transformation in ausführbaren Code (Integration in Software-Entwicklungsprojekte)
	ARIS for Microsoft BizTalk	Modellierung von Geschäftsprozessen und automatische Transformation in eine Microsoft-BizTalk-Orchestrierung (vgl. Kapitel 5.3.1.2)
ARIS Controlling Platform	ARIS Process Performance Manager	Automatische Bewertung von Geschäftsprozessen und Erhebung von Daten zu Geschwindigkeit, Kosten, Qualität und Mengen zur Identifikation von Optimierungspotenzialen
	ARIS Risk & Compliance Manager	Management von Risiken und Überwachung von Regeln

ARIS Platform		
Komponente	**Modul**	**Funktion**
	ARIS MashZone	Integration von unternehmensinternen und -externen Daten in ein Kennzahlen-Cockpit

Abbildung 4.6 Komponenten der ARIS Platform (Eigene Darstellung in Anlehnung an [Software AG (2012 – ARIS Platform)])

Ein wesentliches Problem beim Einsatz dieser Werkzeuge ist zum einen deren Komplexität, die für unerfahrene Benutzer einen hohen Einarbeitungsaufwand bedeutet. Zum anderen kann die systematische Erfassung und Eingabe der notwendigen Informationen sehr arbeitsintensiv und damit auch zeitaufwendig sein. Daher werden in Projekten zum Geschäftsprozessmanagement oftmals hierauf spezialisierte Unternehmensberater hinzugezogen, die im Umgang mit den Software-Produkten geübt sind. Außerdem haben sie als externe Dienstleister einen neutralen Blick auf die bestehenden Abläufe und können aufgrund ihrer Erfahrungen aus anderen Projekten kreative Lösungsvorschläge unterbreiten.

Für das beauftragende Unternehmen hat der Einsatz derartiger Fachleute den Vorteil, dass bei der fallweisen oder gelegentlichen Nutzung der im Projekt verwendeten Modellierungs-Software keine Lizenzkosten bezahlt werden müssen.

4.3.2   Anwendungsbeispiele

In Abbildung 4.7 sind überblicksartig einige ausgewählte Beispiele für den Einsatz von ARIS in der betrieblichen Praxis dargestellt (vgl. hierzu auch [Scheer u.a. (2002)]). Prinzipiell können die oben genannten Software-Module in allen Branchen und Typen des primären (Urproduktion), sekundären (industriellen) und tertiären (Dienstleistungs-) Sektors zur Anwendung kommen. So weisen z.B. auch Unternehmen der Forst- und Landwirtschaft zunehmend Merkmale industrieller Produktionsformen auf. Dennoch liegt der Schwerpunkt der Anwendungen momentan im zweiten und dritten Sektor.

Sektor und Branche	Beispiel	Ergebnisse	Quelle
Sekundärer Sektor (Industrie): **Automobilbau**	**BMW Group** Einführung von Logistik-Kennzahlen durch Nutzung des ARIS Value Engineering (AVE)-Ansatzes	• Einführung standardisierter und standort-übergreifender Kennzahlen • Schaffung einer höhere Prozesstransparenz	Software AG (2012 – BMW)

Sektor und Branche	Beispiel	Ergebnisse	Quelle
		• Einsatz von Kennzahlen als Frühwarnsystem für ein schnelles Erkennen und Lösen von auftretenden Fertigungsproblemen	
Sekundärer Sektor (Industrie): **Biotechnologie**	**Rentschler Biotechnologie GMBH** Bündelung sämtlicher Wertschöpfungsprozesse auf einer einheitlichen Basis und Modernisierung der heterogenen Systemlandschaft nahe am SAP-Standard	• Kostensparende Einführung von SAP Business All-in-One durch vorkonfigurierte Pharma-Anwendung • Erfolgreiche Projektdurchführung durch prozessorientierte Einführungsmethodik • Realisierung einer nahtlosen Integration neuer Sub-Systeme (z. B. Laborinformationssystem) • Deutliche Erhöhung der Datenqualität	Software AG (2012 – Rentschler)
Tertiärer Sektor (Dienstleistungen): **Kommunale Versorgung**	**Stadtwerke München GmbH** Prozessorientierte Einführung von SAP R/3	• Festlegung einer einheitlichen Systematik der Prozessbeschreibung • Abbildung der betrieblichen Funktionen	Leitenberger (2002)

Sektor und Branche	Beispiel	Ergebnisse	Quelle
		• Dokumentation aller Kern- und Service-Prozesse mit IT-Unterstützung	
Tertiärer Sektor (Dienstleistungen): **Presse- und Verlagswesen**	**Süddeutsche Zeitung GmbH** Effiziente Strukturen für Verkauf und Kundenbetreuung durch Reorganisation des Anzeigenbereichs	• Steigerung der Kapazität für die Neukundengewinnung und -bearbeitung durch weniger gebundene Kapazität im Anzeigenprozess • Konzentration auf das Kerngeschäft • Verkauf und Abwicklung von Print- und Online-Werberessourcen durch fokussierte Strukturen • Implementierung schlanker Prozesse mit genau definierter Verantwortung • Realisierung flexibler Reaktionsmöglichkeiten auf schwankendes Anzeigenaufkommen	Software AG (2012 – SZ)

Sektor und Branche	Beispiel	Ergebnisse	Quelle
Tertiärer Sektor (Dienstleistungen): **Versicherung**	**Wüstenrot & Württembergische AG** Einführung eines durchgängigen und prozessbezogenen Risiko-Managements	• Umsetzung der Mindestanforderungen an das Risikomanagement (MaRisk VA) der deutschen Finanzaufsicht BaFin (Bundesanstalt für Finanzdienstleistungsaufsicht) • Orientierung der Lösung an den Grundsätzen des Sarbanes Oxley Act (SOX) • Realisierung einer unmittelbaren Auskunftsbereitschaft gegenüber externen und internen Prüfern • Implementierung einer revisionssicheren Dokumentation • Einsparungen durch Wegfall vieler manueller Tätigkeiten	Software AG (2012 – Wüstenrot)

Abbildung 4.7   Beispiele für den Einsatz von ARIS in der betrieblichen Praxis

Die in Abbildung 4.7 exemplarisch genannten Ziele fokussieren letztlich immer auf die quantitativen Größen „**Mengen**", „**Werte**" und „**Zeiten**" und deren positive Veränderung in ökonomischer Hinsicht. Folglich strebt man beispielsweise generell eine Reduktion der Durchlaufzeiten und Kosten und/oder eine Erhöhung der produzierten Dienstleistungen und Produkte bzw. der Umsätze an.

5 Geschäftsprozesse und Integrierte Informationsverarbeitung

5.1 Übersicht

Die technologische Basis von Geschäftsprozessen sind computergestützte Informationssysteme. Mit ihrer Hilfe werden die betrieblichen Abläufe geplant, gesteuert und kontrolliert. Nach Mertens u.a. kann man im Rahmen einer Gesamtkonzeption dabei verschiedene Teilsysteme differenzieren (vgl. [Mertens (2009)], [Mertens u.a. (2009)]). Während **Administrations- und Dispositionssysteme** auf die operative Unterstützung der Mitarbeiter bei gut strukturierten Routineaufgaben zielen, kommen **Planungs- und Kontrollsysteme** bei taktischen und strategischen Problemstellungen zum Einsatz (vgl. [Mertens (2009), S. 12–15]).

Vor dem Hintergrund integrierter Anwendungen und komplexer Systemlandschaften in Unternehmen ist diese Einteilung jedoch nur bedingt geeignet. Daher wird nach einer Darstellung der allgemeinen Grundlagen bei der Implementierung von Geschäftsprozessen zwischen system- und service-orientierten Ansätzen unterschieden.

5.2 Grundlagen der Integrierten Informationsverarbeitung

5.2.1 Informations- und Kommunikationstechnologie

In marktwirtschaftlich orientierten Unternehmen ist die **Informations- und Kommunikationstechnologie (IKT)** mittlerweile integrierter Bestandteil der Wertschöpfungskette. Dies betrifft sowohl die inner- als auch die zwischenbetrieblichen Abläufe, wobei die Ressource „Information" zunehmend an Bedeutung gewinnt. Hierdurch treten die natürlichen Grenzen zwischen den technischen IT-Systemen und den betriebswirtschaftlichen Prozessen in den Hintergrund. Daraus ergeben sich zwei elementare Konsequenzen:

1. **Abhängigkeiten zwischen IT und Prozess**
   Änderungen in den Geschäftsprozessen haben häufig Auswirkungen auf die IT-Strukturen und umgekehrt. Eine langfristige und nachhaltige Planung, Steuerung und Kontrolle der Abläufe wird dadurch erschwert.

2. **Innovations- und Kostendruck**
   Gleichzeitig führen hohe Innovationsraten und kurze Innovationszyklen immer schneller zu technologischen Neuerungen. Diese haben wiederum Einfluss auf die Geschäftsprozesse, da sie effizientere Gestaltungsperspektiven bei deren Abwicklung eröffnen. In der Folge steigt auch der Kostendruck auf die Unternehmen.

   Beispiel
   Ein Beispiel ist die Entwicklung mobiler Endgeräte, mit deren Hilfe die Logistikprozesse in einem Kommissionierlager papierlos und damit online abgewickelt werden können. Gegenüber konventionellen Offline-Verfahren sinkt die Bearbeitungszeit, was gleichermaßen im Interesse der Anbieter und Kunden liegt.

Aufgrund der rasanten Geschwindigkeit bei der Entwicklung neuer und der Ablösung bestehender Technologien ist eine Beschreibung konkreter Details nicht sinnvoll. Entscheidend sind vielmehr die grundlegenden Konzepte. So erfordert die Realisierung einer Integrierten Informationsverarbeitung auch unabhängig von der Art und dem Tempo der Innovationen eine sinnvolle **Verknüpfung der verschiedenen Teilsysteme zu einem Gesamtoptimum**.

5.2.2   Integration als Erfolgsfaktor

Mit einer Integration der Informationsverarbeitung und damit auch der zugrundeliegenden Geschäftsprozesse werden u.a. die in Abbildung 5.1 überblicksartig dargestellten **Ziele** verfolgt. Allerdings treten hierbei besondere Probleme auf, die in Abbildung 5.2 skizziert sind.

Im Hinblick auf den Integrationsgegenstand kann man verschiedene Ansätze unterscheiden, die von der gewählten Perspektive abhängen (vgl. Abbildung 5.3).

Das Management von betrieblichen Abläufen manifestiert sich in der **Prozess- bzw. Vorgangsintegration** (vgl. Punkt drei in Abbildung 5.3). Gleichwohl müssen auch die anderen Sichten berücksichtigt werden. So verarbeiten die Prozesse relevante **Daten** und Informationen in **Funktionen**, die wiederum in **Programmen** implementiert sind. Bezogen auf das Paradigma der Objektorientierung stellen Funktionen prinzipiell einen Aufruf von **Methoden** auf **Objekten** dar. Bei einer dezentralen Systemarchitektur gelangt man hierdurch schließlich zu **Services** als Spezialfall der Methodenintegration.

Ziele der Integrierten Informationsverarbeitung

1. Zurückdrängung der vom Standpunkt des gesamten Unternehmensgeschehens aus mehr oder weniger künstlichen Grenzen zwischen Abteilungen, Funktionsbereichen und Prozessen mit ihren negativen Auswirkungen
2. Durchbrechung juristischer Grenzen im zwischenbetrieblichen Geschäftsverkehr (Extended Enterprise bzw. Extraprise) und Entstehung einer „Win-win-Situation" im strategischen Sinne
3. Reduktion des personellen Eingabeaufwands auf ein notwendiges Minimum
4. Realisierung moderner betriebswirtschaftlicher Konzeptionen (z.B. elektronische Kostenplanung)
5. Verminderung der Gefahr von Erfassungsfehlern
6. Erhöhung der Qualität betrieblicher Prozesse, z.B. durch „Vermeidung von Unterlassung"
7. Senkung von Speicher- und Dokumentationsaufwand
8. Entdeckung von inkorrekten Daten und Informationen
9. Schaffung einer Basis für integrierte Prognose-, Planungs- und Optimierungsmodelle
10. Vermeidung lokaler Suboptima

Abbildung 5.1 Ziele der Integrierten Informationsverarbeitung (Eigene Darstellung nach [Mertens (2009), S. 10–11])

Besondere Probleme der Integrierten Informationsverarbeitung

1. Zahlreiche Konsequenzen bei fehlerhaften Eingaben durch Kettenreaktionen (daher ist eine besonders sorgfältige Eingabedatenprüfung vorzusehen)
2. Inkaufnahme von prozessbezogenen Unwirtschaftlichkeiten bei der Speicherung und automatischen Verarbeitung von Daten aufgrund der notwendigen Vollständigkeit in einem integrierten System (z.B. Behandlung von Kundengutschriften)
3. Komplexität von Software-Tests in integrierten Lösungen, insbesondere aber auch Programmmodifikationen (Vielfältige Wechselwirkungen)
4. Probleme bei der Rekrutierung von Systemplanern mit einem umfassenden betriebswirtschaftlichen und guten technischen Wissen
5. Probleme bei der Zusammensetzung von integrierten Lösungen aus zugekauften Software-Produkten („Best-of-breed-Solution")
6. Hoher Aufwand für Customizing und Parametrisierung (vgl. hierzu Kapitel 5.3.1.1)
7. Komplexität bei der nachträglichen Integration (Ex-post-Integration) von sogenannten Altsystemen („Legacy Systems"), z.B. beim Zukauf eines neuen Geschäftsgebiets bzw. Tochterunternehmens oder einer Fusion
8. Kurzfristige Einführung von isolierten Software-Produkten anstelle einer langfristigen Gesamtlösung aufgrund der kurzfristigen Realisierungsmöglichkeit

Abbildung 5.2 Besondere Probleme der Integrierten Informationsverarbeitung (Eigene Darstellung nach [Mertens (2009), S. 11–12])

Integrationsgegenstand	Kurzbeschreibung	Beispiel
1. **Datenintegration**	• Logische Zusammenführung der Daten, z.B. in einer oder mehreren gemeinsamen Datenbanken • Sicherstellung der Datenkonsistenz • Vermeidung von Datenredundanzen	• Zentrale Datenbank für ein Reisebuchungssystem mit Informationen zu Flügen, Mietwagen, Hotels etc.
2. **Funktionsintegration**	• Informationstechnische Verknüpfung unterschiedlicher Funktionen	• Abstimmung von Bestellmengenplanung und Lagerverwaltung
3. **Prozess-/ Vorgangsintegration** (Fachlich inhaltlicher Aspekt; vgl. unten Punkt fünf)	• Verbindung einzelner Prozesse oder Vorgänge	• Abstimmung der Kundenangebots- und -auftragsbearbeitung mit der Produktionsplanung und -steuerung
4. **Methodenintegration**	• Kombination und Abstimmung der eingesetzten Methoden mit dem Ziel der Erreichung eines Gesamtoptimums	• Abstimmung der Algorithmen zur Absatzprognose mit den Heuristiken zur Dimensionierung der Sicherheitsbestände und der Losgrößenbestimmung
5. **Programmintegration** (IV-technischer Aspekt; vgl. oben Punkt drei)	• Abstimmung einzelner Programme in Form von Softwarebausteinen	• Siehe oben Punkt drei
6. **Objektintegration**	• Kombination von Daten- und Methodenintegration	• Orientierung an Geschäftsobjekten, z.B. Kundenauftrag oder Faktura
7. **Serviceintegration**	• Spezialfall der Methodenintegration, wobei die einzelnen Methoden als isoliert aufrufbare Services realisiert sind	• Realisierung einer Service-orientierten Architektur (vgl. Kapitel 5.3.2)

Abbildung 5.3   Integrationsgegenstand (Eigene Darstellung mit Erweiterungen nach [Mertens (2009), S. 1–5])

5.2.3 Strategische Aspekte

Bei den Strategien zur Realisierung integrierter Geschäftsprozesse und der zugrunde liegenden IT-Anwendungen sind prinzipiell vier Dimensionen zu unterscheiden (vgl. Abbildung 5.4). Sie haben unmittelbare Auswirkungen auf die operative Umsetzung und beeinflussen die in Kapitel 3.2.2.3 genannten Zielgrößen indirekt (z.B. die anfallenden Kosten).

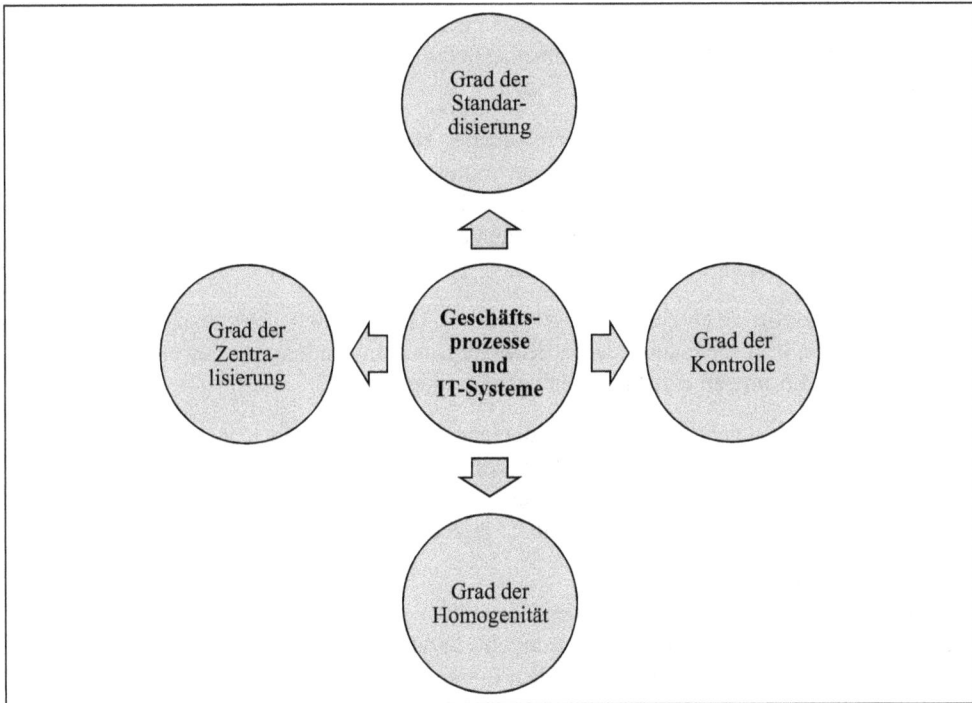

Abbildung 5.4   Strategische Aspekte bei der Realisierung integrierter Prozesslandschaften

1.   Grad der Standardisierung

Eine Vereinheitlichung der Software, Hardware und Prozesse soll Kosten senken und Abläufe beschleunigen. Dies gilt für den Beschaffungs- und Einführungsaufwand ebenso wie für die Administrations- und Wartungskosten im laufenden Betrieb und den Aufwand für die geordnete Abwicklung oder Migration am Ende des Lebenszyklus einer Implementierung. Je höher der Standardisierungsgrad ist, desto weniger Differenzierungen existieren.

Beispiel

Beispiele hierfür sind die Nutzung von Standard- anstelle von Individualsoftware oder die möglichst einheitliche Abwicklung vergleichbarer Geschäftsprozesse in den nationalen und internationalen Niederlassungen eines Unternehmens. Im letztgenannten Fall verwendet man häufig sogenannte „Business Templates", die in zentralen Referenz-

Systemen implementiert werden. Bei deren Kopie bzw. Übernahme in ein dezentrales Anwendungssystem ist es dann möglich, innerhalb gewisser Grenzen ablaufspezifischer Besonderheiten in den Regionen zu berücksichtigen (vgl. z.B. [IDG (2007)] und Kapitel 5.3.1.1).

2. **Grad der Homogenität**

Vom Grad der Vereinheitlichung ist das Niveau der Homogenität zu unterscheiden. So hat sich beispielsweise ein multinationales Unternehmen im ERP-Bereich zwar für die weltweite Nutzung von Standardsoftware entschieden, allerdings kann diese von unterschiedlichen Softwarehäusern stammen. Hierbei sind wiederum zwei Aspekte von besonderer Relevanz:

- Der Einsatz von Software verschiedener Hersteller kann **Schnittstellenprobleme** nach sich ziehen, die einen Teil der mittels Standardisierung erreichten Synergieeffekte kompensieren (vgl. hierzu das in Kapitel 5.2.2 erwähnte Problem der Zusammensetzung von integrierten Lösungen aus zugekauften Software-Produkten („Best-of-breed-Solution").

- Gleichzeitig steht ein hohes Niveau der Homogenität aber dem **Best-of-breed-Ansatz**, nach dem für jede betriebliche Einzelanwendung die jeweils beste (Branchen-) Lösung zu nutzen ist, diametral entgegen.

Der Grad der Gleichartigkeit bringt dementsprechend sowohl Vor- als auch Nachteile mit sich. In Verbindung mit der Standardisierung ist tendenziell ein hohes Niveau auf beiden Gebieten sinnvoll, um u.a. den in Kapitel 3.2.3.1 genannten „Grundsatz der größtmöglichen (Medien-) Homogenität" zu realisieren.

3. **Grad der Zentralisierung**

Beim Grad der Konzentration oder Zusammenlegung von Prozessen und Funktionen gibt es die beiden extremen Ausprägungen „**Totale Zentralisierung**" und „**Vollständige Dezentralisierung**" sowie ein zwischen diesen bestehendes **Kontinuum**. Während man Standard-Vorgänge häufig in einer zentralen Instanz ausführt, werden spezialisierte Aktivitäten oftmals dezentral organisiert. Ausschlaggebend hierfür sind neben Praktikabilitätsgründen die Nutzung des lokal vorhandenen Spezialwissens und die Förderung von Eigeninitiative und Kreativität der Mitarbeiter.

In gewisser Hinsicht entspricht diese differenzierte Vorgehensweise einem grundlegenden **Ansatz der objektorientierten Programmierung**. Dort kann man untergeordnete Klassen durch Vererbung aus einer oder mehreren übergeordneten (Basis-) Klassen ableiten, wobei letztere automatisch die Attribute und Methoden der Oberklasse(n) übernehmen. Spezielle Anforderungen in der abgeleiteten Klasse werden durch die Implementierung neuer Funktionalitäten oder das Überschreiben bestehender Elemente realisiert.

Übertragen auf ein Unternehmen bedeutet dieses **Konzept der zunehmenden Spezialisierung**, dass man die standardisierten Aktivitäten und Strukturen in der Hierarchie soweit oben als möglich anordnen und nach unten hin in einem minimal notwendigen Umfang detaillieren sollte. Insofern besteht auch ein inhaltlicher Zusammenhang zu dem oben erläuterten Grad der Standardisierung.

Beispiel

*Die **Bechtle AG** ist ein deutsches IT-Dienstleistungsunternehmen mit Firmensitz in Neckarsulm. Neben Hard- und Software-Produkten umfasst das Portfolio Serviceangebote(„Managed Services") für den privaten und öffentlichen Sektor. Die administrativen Bereiche wie Finanzen, Logistik und Kommunikation sind in einer Holding zentral gebündelt. Hingegen werden die wertschöpfenden Aktivitäten in dezentralen Unternehmenseinheiten ausgeführt, die sich dadurch auf ihre Kernkompetenzen konzentrieren und die operativen Geschäftsprozesse in einer schlanken und effizienten Form realisieren können (vgl. [Bechtle AG (2012)]).*

4. Grad der Kontrolle

Die vierte Dimension bei der strategischen Gestaltung von Prozesslandschaften betrifft den Grad der Kontrolle und damit auch die Möglichkeit der Einflussnahme auf bestimmte Abläufe. Sie ist vorrangig durch die rechtlichen und gesetzlichen Rahmenbedingungen in einem Land bzw. Staat determiniert. Außerdem wird sie u.a. von den kulturellen und politischen Gegebenheiten einer Region beeinflusst (vgl. Kapitel 5.3.2.2).

Mit der zunehmenden Mobilität und Globalisierung haben sich neue Formen der Arbeitsteilung entwickelt, die auf eine Kostenreduktion und/oder die Erschließung neuer Beschaffungs- und Absatzmärkte zielen. So erfolgt etwa beim „**Outsourcing**" primär eine organisatorische Verlagerung bestimmter Aufgaben, Funktionen und Prozesse. Dagegen beinhaltet das Konzept des „**Offshoring**" den Transfer von Wertschöpfungsaktivitäten in geographisch entfernte Regionen (vgl. hierzu beispielsweise die Begriffsabgrenzungen und möglichen Ausprägungen in [Ebert (2006), S. 12–14]). Insbesondere die zuletzt genannte Strategie birgt unter gewissen Umständen Risiken, die für ein Unternehmen existenzbedrohend sein können.

Beispiel

*Die **Vietz GmbH** ist ein mittelständisches Familienunternehmen mit Sitz in Hannover, das Produkte und Dienstleistungen für Pipeline-Projekte anbietet. Eines Tages war dem damaligen Geschäftsführer in seinem Pekinger Werk aufgefallen, dass Mitarbeiter grundlos fehlten und zu sichernde Konstruktionszeichnungen offen herumlagen. Bei seinen Nachforschungen stellte er fest, dass in der 40 Kilometer entfernten Stadt Langfang eine baugleiche Halle mit identischen Maschinen und Produkten, aber mehr Mitarbeitern stand. Einige Monate später wurde zudem ein neu eingestellter technischer Leiter dabei ertappt, wie er nachts mit einem strikt verbotenen Laptop Daten vom Rechner kopierte. In der Folge löste der Unternehmer das Werk in Peking auf und beendete damit sein mehr als zwanzig Jahre andauerndes Engagement in der Volksrepublik China (vgl. [Handelsblatt GmbH (2009)], [Handelsblatt GmbH (2012)], [Vietz GmbH (2012)]).*

*Das schwedische Einrichtungsunternehmen **Ikea** entdeckte 2011 in Kunming (ebenfalls China) die exakte Kopie eines Ikea-Möbelhauses. In dem 1.000 Quadratmeter großen Plagiat befand sich auch eine Cafeteria, in der man allerdings nur chinesisches Essen* *anstatt der schwedischen Spezialitäten wie z.B. Köttbullar bestellen konnte (vgl. [Handelsblatt GmbH (2012)]).*

In Abbildung 5.5 sind die vier Dimensionen bei der Realisierung integrierter Prozesslandschaften noch einmal zusammenfassend dargestellt. Als mögliche Ausprägungen der Merkmale werden in dieser Übersicht nur die qualitativen Werte „Hoch“, „Mittel“ und „Gering“ angegeben, da für eine quantitative Einteilung ein unverhältnismäßig hoher Aufwand erforderlich wäre.

Merkmal	Mögliche Ausprägungen	Beispiel/Erläuterung
1. Grad der Standardisierung	Hoch	Nur Standard-Anwendungen und -Prozesse
	Mittel	Standard- und Individual-Anwendungen und -Prozesse
	Gering	Nur Individual-Anwendungen und -Prozesse
2. Grad der Homogenität	Hoch	Hardware- und Software-Lösungen in einem Anwendungsbereich nur von einem Anbieter (1:1-Beziehung)
	Mittel	Hardware- und Software-Lösungen in einem Anwendungsbereich von einem und in einem anderen Anwendungsbereich von einem anderen Hersteller (1:N-Beziehung)
	Gering	Hardware- und Software-Lösungen in einem Anwendungsbereich von verschiedenen Anbietern (N:M-Beziehung)
3. Grad der Zentralisierung	Hoch	Totale Zentralisierung
	Mittel	Kontinuum zwischen den beiden Extrem-Ausprägungen „Totale Zentralisierung“ und „Vollständige Dezentralisierung“
	Gering	Vollständige Dezentralisierung

Merkmal	Mögliche Ausprägungen	Beispiel/Erläuterung
4. Grad der Kontrolle	Hoch	Totale Kontrolle ist möglich
	Mittel	Kontrolle ist nur in ausgewählten Bereichen möglich
	Gering	Kontrolle ist generell nicht möglich

Abbildung 5.5 Strategische Aspekte bei der Realisierung integrierter Prozesslandschaften

5.2.4 Taktische und operative Aspekte

Im Rahmen der taktischen und operativen Realisierung gilt es, die strategischen Aspekte in ausführbare Geschäftsprozesse umzusetzen. Eine „objektiv richtige" Vorgehensweise hierfür gibt es nicht. Allerdings treten in zahlreichen Unternehmen bestimmte Abläufe häufig in gleicher oder ähnlicher Form auf, die zudem in Abhängigkeit von der jeweiligen Branche noch gesetzlichen oder regulatorischen Vorgaben unterliegen (vgl. Kapitel 2.2.2.2). In diesem Fall ist der Einsatz von Referenzmodellen sinnvoll (vgl. hierzu das Thema „ITIL®" am Ende dieses Kapitels).

Ungeachtet des vermehrten Einsatzes von IT-Anwendungen und -Systemen werden betriebliche Aktivitäten aber letztlich immer von Menschen geplant, gesteuert, kontrolliert und verbessert. Daher sind die involvierten **Personen der entscheidende Faktor** für das Gelingen oder Scheitern von Projekten im Rahmen des Geschäftsprozessmanagements. Nur wenn die unternehmensinternen Mitarbeiter von der Notwendigkeit und dem Nutzen einer Veränderung der Abläufe überzeugt und außerdem bereit sind, diese Modifikationen aktiv zu unterstützen, wird die Wahrscheinlichkeit für einen Erfolg steigen.

Allerdings besteht hierbei ein grundsätzliches Dilemma. Da Restrukturierungs-Projekte normalerweise zu einer höheren **Effizienz** beitragen sollen, gehen sie häufig mit kapazitiven Anpassungs- und/oder Ausgleichsmaßnahmen einher. Beispiele hierfür sind interne **Versetzungen von Mitarbeitern**, die **Auslagerung von Personal** in rechtlich und wirtschaftlich selbständige (Sub-) Unternehmen im In- oder Ausland oder eventuell sogar der **Abbau von Arbeitsplätzen** (zur Auslagerung von Personal vgl. auch Kapitel 5.3.2.2). Die Aussicht, in einem Projekt mitzuwirken, an dessen Ende eine Personalreduktion steht, ist jedoch für die Motivation der (im schlimmsten Fall selbst) betroffenen Mitarbeiter nicht gerade förderlich und kann gegebenenfalls zu aktiven und/oder passiven Widerständen oder gar Sabotageaktivitäten führen.

Bei einer derartigen Konstellation bleibt nur die Alternative der **Beauftragung von externen Beratern**, die einen unvoreingenommenen Blick auf die betriebliche Realität haben und gegebenenfalls auch unpopuläre Entscheidungen treffen.

In diesem Kontext müssen prinzipiell die gesetzlichen Vorgaben zur **Mitwirkung und Mitbestimmung von Arbeitnehmern** beachtet werden. In der Bundesrepublik Deutschland sind diese für privatwirtschaftliche Unternehmen im **Betriebsverfassungsgesetz (BetrVG)** normiert (vgl. [BetrVG (2012)]). Hingegen kommen für die Mitarbeiter von Körperschaften und Anstalten des öffentlichen Rechts die **Personalvertretungsgesetze des Bundes und der Bundesländer** zur Anwendung (vgl. [BPersVG (2012)] für den Bund sowie z.B. das Personalvertretungsgesetz für das Land Baden-Württemberg (Landespersonalvertretungsgesetz (LPVG)) in [LPVG (1996)]).

Eine **Sonderstellung** nehmen **Religionsgemeinschaften und ihre assoziierten Einrichtungen** für karikative und erzieherische Zwecke ein, da sie weder dem Betriebsverfassungsgesetz (vgl. § 118 BetrVG) noch den Personalvertretungsgesetzen von Bund (§ 112 BPersVG) oder Ländern unterliegen (vgl. z.B. für das Land Baden-Württemberg § 107a LPVG). Für sie existieren **kirchliche Gesetze**, in welchen die betriebliche Mitbestimmung für Mitarbeiter der Kirchenverwaltungen und der karitativen Einrichtungen festgelegt ist (vgl. z.B. das Kirchengesetz über Mitarbeitervertretungen in der Evangelischen Kirche in Deutschland (Mitarbeitervertretungsgesetz – MVG) in [MVG (2012)]) oder die sogenannte „Mitarbeitervertretungsordnung (MAVO)" der römisch-katholischen Kirche bzw. der Erzdiözese Freiburg in [MAVO (2005)]).

Beispiel
*In einem privatwirtschaftlichen Unternehmen mit in der Regel mindestens fünf ständigen wahlberechtigten Arbeitnehmern, von denen drei wählbar sind, ist ein **Betriebsrat** zu wählen (vgl. [§ 1 Abs. 1 Satz 1 BetrVG]). Diesem obliegen verschiedene Aufgaben, die in § 80 BetrVG (Allgemeine Aufgaben) geregelt sind.*

*Ein Betriebsrat hat prinzipiell ein umfassendes Recht auf Informationen (vgl. § 90 BetrVG (Unterrichtungs- und Beratungsrechte)]) sowie bei (gravierenden) **Betriebsänderungen** ein erzwingbares **Mitbestimmungsrecht** (vgl. [§§ 111 ff. BetrVG]). Das Gesetz nennt hier*

- *die „**Einschränkung** und **Stilllegung** des ganzen Betriebs oder von wesentlichen Betriebsteilen" (vgl. [§ 111 Satz 3 Nr.1 BetrVG]),*

- *die „**Verlegung** des ganzen Betriebs oder von wesentlichen Betriebsteilen" (vgl. [§ 111 Satz 3 Nr.2 BetrVG]),*

- *den „**Zusammenschluss mit anderen Betrieben** oder die **Spaltung von Betrieben**" (vgl. [§ 111 Satz 3 Nr.3 BetrVG]),*

- *„grundlegende **Änderungen der Betriebsorganisation**, des Betriebszwecks oder der Betriebsanlagen" (vgl. [§ 111 Satz 3 Nr.4 BetrVG]) sowie*

- *die „**Einführung grundlegend neuer Arbeitsmethoden** und Fertigungsverfahren" (vgl. [§ 111 Satz 3 Nr.5 BetrVG]).*

*Ebenso wirkt der Betriebsrat bei allgemeinen Mitarbeiter-Angelegenheiten sowie personellen Einzelmaßnahmen mit. Beispiele hierfür sind die Personalplanung und die Zustimmung zu Auswahlrichtlinien (vgl. [§§ 92 ff. BetrVG]) sowie Einzelmaßnahmen (u.a. **Einstellungen**, **Versetzungen**, (finanzielle) **Umgruppierungen** und **Kündigungen**; vgl. [§§ 99 ff. BetrVG]).*

Exkurs: ITIL®

Ein Beispiel für einen umfassenden Ansatz bzw. ein Referenzmodell im Bereich der informationsbezogenen Service-Organisation ist die **IT Infrastructure Library** (**ITIL**®; vgl. z.B. [Buchsein u.a. (2008)], [Huber u.a. (2011)], [Olbrich (2008)]). Sie wird von der britischen Regierungsbehörde OGC (Office of Government Commerce) herausgegeben und beinhaltet als Rahmenwerk eine Sammlung von praktisch bewährten **Richtlinien für eine effiziente Gestaltung der Aufbau- und Ablauforganisation des IT-Betriebs** („Good" bzw. „Best Practices"). Wenngleich die Dokumentensammlung keine verbindliche Norm darstellt, hat sie aufgrund ihrer weltweiten Verbreitung dennoch mittlerweile den Status eines De-facto-Standards erreicht. Im Sommer 2011 wurde mit der „ITIL® 2011 Edition" die aktuelle Version publiziert (vgl. [TSO (2012)]).

Der Ausgangspunkt von ITIL® ist der **Mehrwert einer IT-Dienstleistung** für den Nachfrager (vgl. hierzu den in Kapitel 3.2.3.1 genannten „Grundsatz der Kundenorientierung"). Um einen bestmöglichen Service zu gewährleisten, benennt das Rahmenwerk insgesamt fünf Abschnitte bzw. Phasen, die in verschiedene Subprozesse unterteilt werden. Sie umfassen die logisch aufeinanderfolgenden Bereiche „**Strategie**", „**Modellierung**", „**Übergang**", „**Betrieb**" und „**Verbesserung**" von IT-Services (vgl. Abbildung 5.6 nach [Huber u.a. (2011), S. 48–64]).

ITIL®-Phase	Subprozess	Erläuterung
1. **Service Strategy** („Service-Strategie")	**Strategieentwicklung** Ziel: Abgestimmtes Vorgehen zur Erreichung der wesentlichen Unternehmensziele als Grundlage für die Sicherung der Zukunft des (IT-Service)-Unternehmens	• Entwicklung der grundsätzlichen Vorgehensweise unter Berücksichtigung der Rahmenbedingungen (z.B. Ressourcen, Unternehmenskultur) • Iterativer Prozess von der groben Unternehmensvision bis zur Ableitung von konkreten Maßnahmen zur Umsetzung der Unternehmensstrategie

ITIL®-Phase	Subprozess	Erläuterung
	Demand Management Ziel: Planung eines optimalen Leistungsangebots als Grundlage für das Service Portfolio Management sowie der hierfür benötigten Ressourcen	• Identifikation des tatsächlichen und potenziellen IT-Service-Bedarfs auf den relevanten Märkten • Beobachtung (von Kunden) und Marktforschung
	Service Portfolio Management Ziel: Bereitstellung eines optimalen Leistungsangebots, das die Bedürfnisse der Kunden und des Marktes erfüllt und die wirtschaftlichen Aspekte des Unternehmens berücksichtigt (Kosten-Nutzen-Betrachtung)	• Gestaltung des Leistungsangebots • Verwaltung und Steuerung des IT-Service-Portfolios *(Das IT-Service-Portfolio umfasst die Service-Pipeline für in Entwicklung befindliche IT-Services und den Service-Katalog, der die aktuell angebotenen IT-Services enthält. Die Bereitstellung der Service-Pipeline und des Service-Katalogs erfolgt im Rahmen des Service Catalog Managements.)* • Entscheidungen über die **Entwicklung** neuer IT-Services, die **Wartung** bestehender IT-Services, die **Priorisierung** von IT-Services und die **Einstellung** von IT-Services • Entscheidung über Investitionen (durch die Unternehmensführung oder durch eine IT Steering Group)

ITIL®-Phase	Subprozess	Erläuterung
	IT Financial Management Ziel: Effiziente Steuerung und Kontrolle des Finanzmitteleinsatzes	• Budgetplanung und -kontrolle • Kostenplanung und -kontrolle • Preisgestaltung von IT-Service-Leistungen und Leistungsverrechnung mit den Kunden
2. Service Design („Service-Modellierung")	**Service Catalog Management** Ziel: Erstellung einer zentralen und konsistenten Informationsquelle über das IT-Service-Portfolio mit allen relevanten Daten (z.B. Leistungsumfang, Bestellablauf, Preise)	• Erstellung und Aktualisierung eines IT-Service-Katalogs über das komplette Leistungsangebot • Bereitstellung einer Kundensicht (Zuordnung von IT-Services zu Geschäftsprozessen der Kunden) und einer technischen Sicht (Zuordnung von IT-Services zu technischen Infrastruktur-Komponenten) • Verwaltung der in Entwicklung befindlichen IT-Services („IT-Service-Pipeline")

ITIL®-Phase	Subprozess	Erläuterung
	IT Service Design Ziel: Erstellung von Realisierungskonzepten für IT-Funktionalitäten, das die Anforderungen der Kunden abdeckt und kostengünstig umgesetzt werden kann (gegebenenfalls mit Varianten) Anmerkung: Das IT Service Design wird in der IT Infrastructure Library nicht als eigener Prozess betrachtet.	• Konzeption neuer IT-Services • Anpassung und Weiterentwicklung bestehender IT-Services • Analyse der Anforderungen, Spezifikation der erforderlichen IT-Funktionalitäten und Planung der IT-Service-Architektur • Abschätzung des hierfür benötigten Ressourcenaufwands und der Kosten
	Service Level Management Ziel: Definition und Gestaltung einer klaren Schnittstelle zu Kunden und (internen sowie externen) Lieferanten	Vereinbarung der erforderlichen Servicequalität (Garantie bzw. „Warranty") im Rahmen von • **Service Level Agreements** (SLA) mit externen Kunden, • **Underpinning Contracts** (UPC) mit externen Lieferanten und • **Operational Level Agreements** (OLA) mit internen Partnern (z.B. Help bzw. Service Desk)

ITIL®-Phase	Subprozess	Erläuterung
	Availability Management Ziel: Sicherstellung der im Service Level Management festgelegten IT-Servicequalität	• Planung und Entwicklung von Aktivitäten zur Erreichung der festgelegten IT-Servicequalität (Proaktive Maßnahmen zur Risikoreduktion und reaktive Schritte zur Durchführung von erforderlichen Korrekturmaßnahmen bei Nicht-Einhaltung von IT-Service-Levels)
	IT Service Continuity Management Ziel: Minimierung der Folgen von Notfällen und Katastrophenszenarien	• Planung und Vorbereitung von Notfallmaßnahmen • Identifizierung relevanter Katastrophenszenarien auf Basis der aktuellen Risikosituation oder Bedrohungslage • Regelmäßige Durchführung von Notfallübungen
	Capacity Management Ziel: Vermeidung von Kapazitätsengpässen in der IT-Infrastruktur und optimale Verwendung der verfügbaren Kapazitäten	• Planung, (proaktive) Bereitstellung und Überwachung der notwendigen Kapazitäten bei der IT-Infrastruktur • Berücksichtigung der zukünftigen Leistungsangebote (aus dem Demand Management), der Änderung des Nutzungsverhaltens und der Änderung von technischen Rahmenbedingungen bei aktuell in Betrieb befindlichen IT-Services

ITIL®-Phase	Subprozess	Erläuterung
	Information Security Management Ziel: Gewährleistung der erforderlichen IT-Sicherheit und der Einhaltung von einschlägigen Gesetzesvorgaben	• Definition und Spezifikation von Sicherheitsrichtlinien, die bei der Implementierung und beim Betrieb von IT-Services berücksichtigt werden müssen • Permanente Überprüfung der Einhaltung im Rahmen von Security Audits • Gegebenenfalls Einleitung von korrigierenden Maßnahmen
	Supplier Management Ziel: Sicherstellung der Zulieferung notwendiger Leistungen durch externe Lieferanten in der erforderlichen Quantität und Qualität	• Auswahl, Vertragsgestaltung und Auftragsabwicklung mit externen Lieferanten • Implementierung und Pflege einer Lieferanten-Datenbank
3. Service Transition („Service-Übergang")	**Transition Planning and Support** Ziel: Sicherstellung der erfolgreichen Implementierung von neuen IT-Services und von Änderungen an bestehenden IT-Services	• Planung, Steuerung und Kontrolle der Implementierung von neuen IT-Services • Durchführung von Änderungen an bestehenden IT-Services • Grundlagen: Realisierungskonzept aus der Phase „Service Design" sowie allgemeine Transition-Strategie

ITIL®-Phase	Subprozess	Erläuterung
	Change Management Ziel: Klar strukturierte, kontrollierte und dokumentierte Durchführung von Änderungen an IT-Services	• Planung, Freigabe, Koordination und Abnahme von Änderungen an IT-Services (**Request for Change** (RFC)) • Entscheidung über die Durchführung von Änderungen erfolgt durch den Change-Manager oder ein **Change Advisory Board** (CAB) • Überprüfung des Nutzens sowie eine Evaluierung der Durchführung einer Änderung erfolgt in einem **Post Implementation Review** (PIR)
	Release and Deployment Management Ziel: Sinnvolle Zusammenstellung von Änderungen und eine erfolgreiche Inbetriebnahme neuer oder geänderter IT-Services	• Zusammenstellung, Lieferung (Release-Freigabe) und Inbetriebnahme von neuen oder geänderten IT-Services auf der Grundlage einer Service-Policy (Release = Zusammenfassung von gemeinsam zu realisierenden Erweiterungen oder Änderungen an einem IT-Service) • Unterstützung der Benutzer nach der Inbetriebnahme eines Release im Rahmen des Early-Life-Supports

ITIL®-Phase	Subprozess	Erläuterung
	Service Validation and Testing Ziel: Sicherstellung der erforderlichen Qualität neuer oder geänderter IT-Services, damit die definierten Service-Levels erreicht werden können	• Vorbereitung und Durchführung von Maßnahmen für die Qualitätssicherung neuer oder geänderter IT-Services • Grundlage: Ableitung, Spezifikation und Planung der erforderlichen Qualitätssicherungsmaßnahmen im Rahmen des IT-Service-Designs • Test von Konzepten, Spezifikationen und Prozessdefinitionen sowie von Hard- und Softwarekomponenten des IT-Services
	Evaluation Ziel: Strukturiertes und einheitliches Vorgehen bei der begleitenden Kontrolle von Änderungen an IT-Services	• Evaluierung und Prüfung neuer oder geänderter IT-Services vor der Inbetriebnahme • Grundlage: Basis der (Zwischen-) Ergebnisse aus dem Change- und Release-Management und Ergebnisse aus der Qualitätssicherung

ITIL®-Phase	Subprozess	Erläuterung
	Service Asset and Configuration Management Ziel: Bereitstellung einer zentralen Informationsquelle über alle IT-Komponenten und Ressourcen und deren Abhängigkeiten untereinander	• Identifikation und Erfassung aller Komponenten von IT-Services im Rahmen einer **Configuration Management Database** (CMDB) • Dokumentation der von den IT-Services benötigten Ressourcen (z.B. IT-Infrastruktur) • Berücksichtigung der Änderungen an einem IT-Service in der zentralen Konfigurations-Datenbank (CMDB) • Überprüfung der Konfigurationsdaten erfolgt im Rahmen von Configuration Audits • Steuerung des Service Asset and Configuration Management-Prozesses durch das Configuration Control Board
	Knowledge Management Ziel: Vorbereitung wissensbasierter Entscheidungen und Sicherstellung des notwendigen Wissenstransfers bei dem IT-Dienstleisters	• Bereitstellung relevanter Information in vernetzter Form • Grundlage: Daten des Service Asset and Configuration-Managements erweitert durch zusätzliche Erfahrungen und Zusammenhänge

ITIL®-Phase	Subprozess	Erläuterung
4. Service Operations („Service-Betrieb") Funktionen: • Service-Desk als zentrale Anlaufstelle für alle Benutzer der IT-Services (Single Point of Contact; vgl. hierzu erneut Kapitel 3.2.3.1; Übernahme von Aufgaben der Prozesse „Incident Management", „Access Management" und „Request Fulfillment") • Operations Management zur Steuerung und Koordination alle Routinetätigkeiten zum Betrieb von IT-Services (z.B. Backup and Wiederherstellung von Daten, Systemadministrationsaufgaben, Druckaufgaben sowie Betreuung der Rechnerräume)	**Event Management** Ziel: Früherkennung von Fehlern aufgrund von automatisch aufgezeichneten Systemereignissen	• Automatisierte Überwachung der Komponenten von IT-Services und der IT-Infrastruktur • Automatisierte Erkennung von Abweichungen
	Incident Management Ziel: Schnellstmögliche Wiederherstellung des IT-Services bei Vorliegen einer bekannten Fehlerlösung	• Dokumentation und Priorisierung von Fehlern • Schnellstmögliche Fehlerbehebung im Falle von bekannten Problemen • Weiterleitung von Fehlern, für die noch keine Lösung bekannt ist, an das Problem Management

ITIL®-Phase	Subprozess	Erläuterung
	Problem Management Ziel: Schnellstmögliche Wiederherstellung des IT-Services im Falle eines noch unbekannten Fehlers	• Ursachenanalyse von bisher unbekannten Fehlern eines IT-Services • Entwicklung eines Workaround zur Wiederherstellung des IT-Services • Übermittlung der Problemlösung an das Incident Management (z.B. durch Dokumentation in einer Known-Error-Database) • Übermittlung einer Änderungsanforderung zur endgültigen Fehlerbehebung an das Change Management
	Access Management Ziel: Gewährleistung einer sicheren und nachvollziehbaren Verwaltung der Zugriffsrechte sowie der Schutz vor missbräuchlichen Zugriffen auf IT-Services	• Dokumentation, Überprüfung und Zuordnung von Zugriffsrechten auf Funktionalitäten von IT-Services • Laufende Zugriffskontrolle
	Request Fulfillment Ziel: Schnelle und einfache Erledigung von Standardaufträgen	• Erledigung von Standardaufträgen im Rahmen der Nutzung von IT-Services (z.B. Auslieferung eines IT-Services an einen zusätzlichen Anwender, Durchführung vordefinierter Auswertungen oder standardisierte Administrationsaufgaben)

ITIL®-Phase	Subprozess	Erläuterung
5. Continual Service Improvement („Kontinuierliche Service-Verbesserung")	**Service Measurement** Ziel: Erhebung von korrekten und aussagekräftigen Kennzahlen unter Zuhilfenahme geeigneter Methoden	• Durchführung von notwendigen Messungen auf der technischen Ebene (Technologiekennzahlen) • Durchführung von notwendigen Messungen auf der Prozessebene (Prozesskennzahlen) • Durchführung von notwendigen End-to-End-Messungen aus Nutzersicht (Servicekennzahlen) • Querschnittsprozess, der im Rahmen notwendiger Messungen in anderen Prozessen genutzt wird (z.B. im 7-Step Improvement Process oder im Service Level Management)
	7-Step Improvement Process Ziel: Nachhaltige Verbesserung der Ergebnis- und Prozessqualität in allen Phasen des IT-Service-Lebenszyklus	Durchführung von Verbesserungsmaßnahmen in Anlehnung an die RADAR-Methodik von Deming (vgl. hierzu erneut Kapitel 2.3.2): • **Schritt 1:** Definition, was gemessen werden soll • **Schritt 2:** Definition, was gemessen werden kann • **Schritt 3:** Sammeln von Daten • **Schritt 4:** Aufbereitung der Daten • **Schritt 5:** Analyse der Daten • **Schritt 6:** Aufbereitung und Präsentation der Analyseergebnisse

ITIL®-Phase	Subprozess	Erläuterung
		• **Schritt 7:** Planung und Umsetzung korrigierender Maßnahmen
	Service Reporting Ziel: Bereitstellung von zielgruppenorientierten und unmissverständlichen Berichten	• Notwendiges Berichtswesen in Bezug auf IT-Services • Grundlage: Zentral definierte Reporting-Policy • Querschnittsprozess, der für notwendige Berichte in anderen Prozessen genutzt wird (z.B. im Rahmen des 7-Step Improvement Process oder im Service Level Management)

Abbildung 5.6 Hauptelemente von ITIL® (Eigene Darstellung nach [Huber u.a. (2011), S. 48–64])

Eine ausführlichere und umfassende Erläuterung der ITIL®-Phasen, Subprozesse und Funktionen findet sich in [Huber u.a. (2011)]).

Beispiel
*Die Microsoft Corporation bietet mit dem Produkt „**System Center Service Manager**" eine integrierte Plattform zur Automatisierung von Best Practices für das IT-Service-Management und deren Anpassung an die individuellen Anforderungen eines Unternehmens (vgl. [Microsoft Corporation (2012 – SCSM)]). Hierin können Prozesse für das Incident-, Problem-, Change- und Asset-Lifecycle-Management abgebildet werden.*

5.3   Implementierung von Geschäftsprozessen

Mit der zunehmenden Verbreitung von Informations- und Kommunikationssystemen in den Unternehmen, dem steigenden Leistungs-Preis-Verhältnis bei der Hardware sowie der stetig wachsenden Vernetzung der Systeme untereinander haben sich auch die Paradigmen für die Gestaltung der Anwendungssysteme geändert (vgl. Abbildung 5.7).

Abbildung 5.7   Architektur-Paradigmen

Prinzipiell kann man drei Entwicklungsstufen unterscheiden:

1. **Zentralrechner-Architektur**

    In den Anfangsjahren der betrieblichen Informationsverarbeitung (ca. 1950 bis 1980) wurden nahezu ausschließlich **Großrechner- bzw. Mainframe-Systeme mit proprie-tärer System- und Anwendungssoftware** eingesetzt. Die Mitarbeiter waren über zei-chenorientierte Datenstationen und Text-Terminals mit dem zentralen Server verbunden und nutzen die hierauf implementierten Funktionen, ohne über lokale Programme oder Rechenleistung zu verfügen.

    Beispiel
    *Beispiele für derartige Großrechner-Anwendungen sind die Software-Produkte **RF** (Fi-nanzbuchhaltung; ab 1973), **RM** bzw. „**R/1**" (Bestandsführung und Rechnungsprüfung; ab 1975) und **R/2** (ab 1979) der SAP AG zur Unterstützung betriebswirtschaftlicher Aufgaben (vgl. [SAP AG (2012 – Geschichte)]). Der Buchstabe „R" steht dabei für „Real Time", womit die schnelle Verarbeitung der Daten in Echtzeit bzw. im unmittel-baren Dialog zum Ausdruck gebracht werden sollte.*

2. **Client-Server-Architektur**

    Mit dem Aufkommen der Personal-Computer, die auch für kleine und mittelgroße Unternehmen erschwinglich waren, konnte Rechenleistung vermehrt auf dezentrale Ein-heiten verteilt werden. In der Folge konzipierte und entwickelte man Software-Lösungen für Client-Server-Architekturen, bei welchen eine physische und/oder logische Zuwei-sung der Funktionalitäten auf verschiedene Ebenen („Layer") erfolgt. Auf diesen können sowohl hersteller-unabhängige als auch proprietäre Betriebssysteme zum Einsatz kom-men, wie z.B. das prinzipiell „freie" **Linux** oder **MVS** (<u>M</u>ultiple <u>V</u>irtual <u>S</u>torage) bzw. **VSE** (<u>V</u>irtual <u>S</u>torage <u>E</u>xtended) von IBM für deren Mainframe-Systeme.

Beispiel

*Die SAP AG entwickelte ab 1987 die **Client-Server-Lösung „R/3"**, dessen allgemeine Marktfreigabe 1992 erfolgte vgl. ([SAP AG (2012 – Geschichte)]). Im Unterschied zu dem monolithischen System R/2 beinhaltet die Architektur drei logische Ebenen: **Präsentation, Applikation** und **Datenbank**. Während die eigentliche Kernfunktionalität auf einer skalierbaren Serverschicht betrieben wird, kann man für die graphikorientierte Darstellung der Ergebnisse kleine bzw. tragbare Computer einsetzten. Auf diesen muss lediglich ein sogenanntes SAP **GUI** (Graphical User Interface) installiert werden. Es dient als Benutzerschnittstelle und steuert die Kommunikation mit der Anwendung, deren Daten wiederum in einem relationalen Datenbanksystem vorgehalten werden.*

*Ein weiteres Beispiel für eine Client-Server-Architektur ist die **Kombination aus Web-Browsern und Servern**, wobei erstere die angefragten Informationen über standardisierte Protokolle von letzteren abrufen und dem Benutzer zur Verfügung stellen.*

3. Service-orientierte Architektur (SOA)

Trotz der Aufteilung von Anzeige und Verarbeitung ist die Funktionalität auf dem ausführenden Rechner häufig noch in einem gemeinsamen Rahmenprogramm implementiert, wobei der Quelltext durchaus modulare Strukturen aufweisen kann. Ein Zugriff auf bestimmte Objekte und Funktionen erfolgt hierbei über definierte Schnittstellen von inner- und außerhalb des Systems. Der große Nachteil einer derart monolithischen Gesamtstruktur im Hinblick auf die Adaptivität und Skalierbarkeit bei veränderten Anforderungen bleibt gleichwohl bestehen.

Aus diesem Grund wurde der Client-Server-Ansatz in der Form weiterentwickelt, dass man die Funktionen auf dem zentralen Rechner in atomare Dienste zerlegt. Da es für einen Nutzer letztlich ohnehin irrelevant ist, von wo man eine bestimmte Funktionalität bezieht, ergibt sich hieraus die (zumindest theoretische) Möglichkeit, für jede Problemstellung die jeweils beste Lösung von gegebenenfalls unterschiedlichen Anbietern zu verwenden (vgl. hierzu erneut den in Kapitel 5.2.2. erwähnten „Best-of-breed-Ansatz").

Eine derartige Service-orientierte Architektur ist dementsprechend auch nicht die konkrete Anwendung oder das Produkt eines bestimmten Herstellers, sondern ein **Konzept zur Implementierung und Abwicklung von betrieblichen und privaten Geschäftsprozessen jedweder Art** (vgl. Kapitel 5.3.2).

Da benötigte Funktionen nicht mehr lokal, sondern mitunter geographisch weit entfernt und damit in einer scheinbar „diffusen Wolke" vorgehalten und gewartet werden, entstand die Metapher des „**Cloud Computing**", für die es bislang keine allgemein anerkannte Begriffsabgrenzung gibt. Stattdessen erfolgt die Beschreibung anhand der technologischen Grundlagen und Funktionen (vgl. Kapitel 5.3.2.1).

In diesem Kontext ist auch der Ansatz des „**Mobile Computing**" einzuordnen. Aufgrund ihrer immanenten Vorteile hat in den vergangenen Jahren der Einsatz von mobilen Endgeräten im beruflichen und privaten Bereich kontinuierlich zugenommen. Benutzer können über Onlineshops verschiedenste Anwendungen („**Applications**" bzw. in abgekürzter Form „**Apps**") von einem Server herunterladen und diese auf ihrem Smartphone oder

Tablet Computer installieren. Die Angebote umfassen dabei sowohl mehr oder weniger sinnvolle Spielereien für die Freizeit als auch nützliche Werkzeuge für den täglichen Gebrauch (z.B. Informationen jedweder Art und **Mobile Commerce**). Zu den bekanntesten Bezugsquellen gehören der App Store von Apple (http://store.apple.com/de) und der Windows Phone Store (bis 2012: Windows Phone Marketplace) von Microsoft (http://www.windowsphone.com/de-de/store).

Die in einen App Store eingestellten Programme werden entweder von dem Anbieter der jeweiligen Plattform, von Drittunternehmen und freien Programmierern oder von Privatpersonen entwickelt. Ob und – falls ja – zu welchen Konditionen für den Anbieter und die Nachfrager eine Anwendung in dem Onlineshop zur Verfügung gestellt wird, entscheidet aber letztlich der Betreiber. Dieser kann somit in Abhängigkeit von seiner Bedeutung eine gewisse Marktmacht ausüben und eventuell sogar missbrauchen, um potenzielle oder tatsächliche Konkurrenten zu benachteiligen.

Daneben ist vor allem bei betrieblichen Anwendungen der Sicherheitsaspekt entscheidend, da fehlerhafte Produkte möglicherweise Schadenersatzansprüche in erheblichem Umfang nach sich ziehen können. Insofern bedarf es gleichermaßen transparenter und valider Zulassungskriterien und Qualitätskontrollen seitens der Betreiber.

Beispiel
Aufgrund der strategischen Bedeutung hat auch die SAP AG seit 2011 einen Onlineshop unter der Bezeichnung „SAP Store" aufgebaut und vertreibt über diesen eigene sowie Partner-Lösungen für die Geschäftsfelder „Cloud-Lösungen", „Mobile Lösungen" sowie „Anwendungen-, Berichts- und Technologielösungen"(vgl. [Bayer (2011)], [SAP AG (2012 – Store)]).

Im ERP-Kontext liegt der Schwerpunkt des Angebots und Einsatzes von Smartphones und entsprechenden Apps momentan in den Bereichen „Customer Relationship Management" und „Vertrieb" [vgl. [Gronau u.a. (2012), S. 26–31]].

Die skizzierte Entwicklungslinie kann mit drei Schlagworten zusammengefasst werden: **Dezentralisierung, Flexibilität** und **Skalierbarkeit**. Insbesondere die beiden letztgenannten Aspekte gewinnen zunehmend an Bedeutung, da „gewöhnliche Nutzer" bei großen Anwendungssystemen meistens nur einen Bruchteil der angebotenen Funktionalität verwenden, gleichzeitig aber die bereitgestellten Leistungen vollständig bezahlen müssen (vgl. [hierzu z.B. [IDG (2012 – Lizenzpolitik)]]).

Ebenso verschwimmen die in Kapitel 3.2.1.2 erwähnten Grenzen im Hinblick auf die Reichweite einer Integrierten Informationsverarbeitung. Wenn Funktionen als Services von einem Server in der „IT-Wolke" abgerufen werden, spielen Systemübergänge bei Geschäftsprozessen nur noch eine untergeordnete Rolle. Entscheidend ist dann vielmehr die logisch sinnvolle Aneinanderreihung der Methodenaufrufe, zu deren Koordination es geeigneter Mechanismen bedarf. Der **Kontroll- und Steuerfluss** wird dementsprechend gegenüber der eigentlichen Verarbeitung wichtiger und stellt damit zukünftig die eigentliche Herausforderung bei der Implementierung von betrieblichen Abläufen dar.

Vor dem Hintergrund dieser Entwicklung erscheint bei den Ansätzen zur Unterstützung von Geschäftsprozessen eine prinzipielle **Unterscheidung in system- und serviceorientierte Paradigmen** sinnvoll (vgl. Abbildung 5.8). Während letztere primär die zu erbringende Dienstleistung betrachten, fassen erstere die Funktionen zu größeren Paketen zusammen, welche dann als Komplettlösung auf dem Markt angeboten werden. Insofern reflektiert die Klassifikation auch die oben dargestellte Genese von monolithischen zu atomaren Strukturen, wobei dies natürlich vorrangig auf IT-Anwendungen zutrifft.

Gleichwohl haben sich im Rahmen der zunehmenden Globalisierung und Mobilität neue Möglichkeiten ergeben, betriebliche Abläufe zu organisieren (vgl. hierzu erneut den „Grad der Kontrolle" in Kapitel 5.2.2.1). Aus diesem Grund wird bei den Service-orientierten Ansätzen auch das Thema „Outsourcing" kurz behandelt (vgl. Kapitel 5.3.2.2).

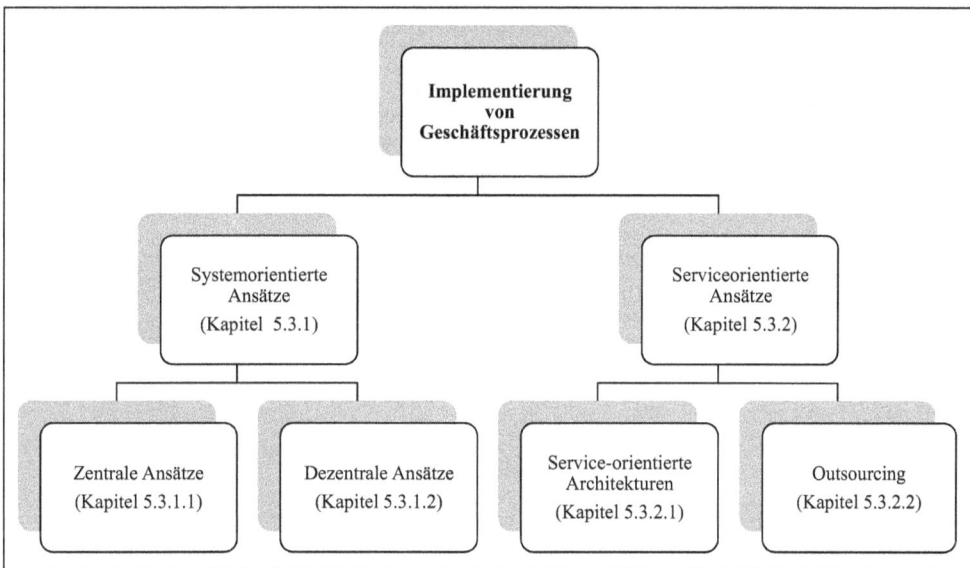

Abbildung 5.8   Implementierung von Geschäftsprozessen

5.3.1   Systemorientierte Ansätze

Bei den systemorientierten Ansätzen zur Implementierung von Geschäftsprozessen ist eine Unterscheidung in zentrale und dezentrale Konzepte sinnvoll. Dabei steht nicht die IT-Architektur im Fokus der Betrachtung, sondern vielmehr die Abbildung der Realität in einem oder mehreren Anwendungssystemen.

Beispiel
National und international tätige Konzerne und Unternehmen weisen häufig komplexe Strukturen auf. Dementsprechend bieten viele Standard-Lösungen die Möglichkeit, organisatorische Einheiten sowie Abläufe firmenindividuell zu modellieren und die Software damit an die

*tatsächlichen Gegebenheiten in einem Unternehmen anzupassen. Die hierbei auszuführenden Tätigkeiten bezeichnet man als „ **Customizing** ", „ **Einstellung** " oder „ **Parametrisierung** ".*

*So gibt es beispielsweise in der Standardsoftware **SAP ECC (** ̲**E** ̲*R*P ̲**C** ̲entral ̲**C** ̲omponent* **)** *u.a. die hierarchisch aufeinanderfolgenden Ebenen „Mandant", „Buchungskreis" und „Kosten- rechnungskreis" (vgl. [Benz u.a. (2011), S. 45–48)]). Ein **Mandant** entspricht dabei einem Konzern, während ein **Buchungskreis** die kleinste organisatorische Einheit des externen Rechnungswesens darstellt. Über den **Kostenrechnungskreis** als Element des internen Rech- nungswesens werden die Kostenarten-, Kostenstellen- und Kostenträger- sowie die Profit- Center-Rechnung modelliert (vgl. [Benz u.a. (2011), S. 48)]).*

Im Hinblick auf die tatsächliche Implementierung resultiert aus den Anpassungsmöglichkei- ten der Software die Möglichkeit einer Abbildung der Unternehmensstrukturen in einem oder mehreren Systemen. Die in Kapitel 5.3 erwähnte Client-Server-Architektur bleibt von dieser Klassifikation insofern unberührt, als sie sich in dem genannten Beispiel nur auf ein einziges (physisches) System bezieht.

Hingegen sind in einer größeren IT-Landschaft mit mehreren Applikations- und Datenbank- Servern durchaus Strukturen realisierbar, bei welchen die übergeordneten Systeme bei- spielsweise zentrale Funktionen der Administration von allgemeingültigen Referenzmodellen oder der Stammdatenverwaltung übernehmen (vgl. Abbildung 5.9).

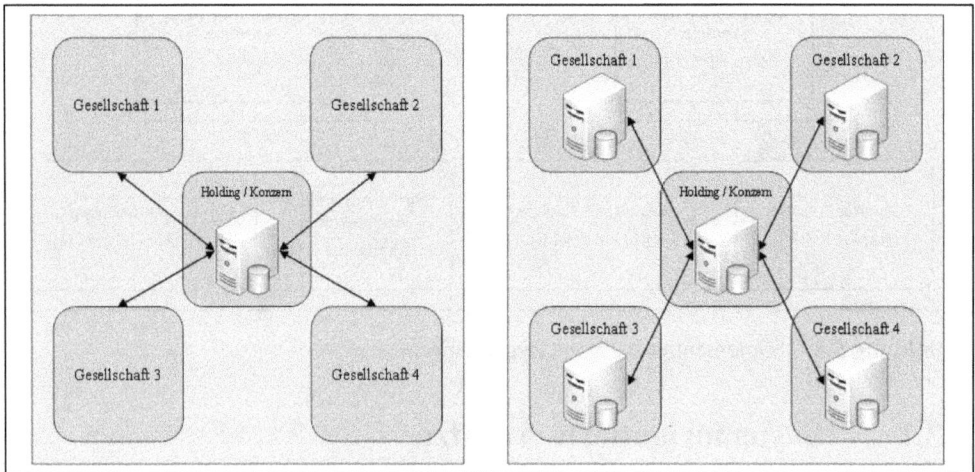

Abbildung 5.9   Zentraler und dezentraler Ansatz

Beispiel
*In einem (physischen) SAP-System können mittels verschiedener **Mandanten** und **Bu- chungskreise** mehrere rechtlich und wirtschaftlich selbständige Institutionen verwaltet wer- den (vgl. den linken Teil von Abbildung 5.9). Ebenso ist es möglich, für jedes Unternehmen ein eigenständiges (logisches) System zu betreiben, auf welchem nur ein Mandant mit einem Buchungskreis existiert (vgl. den rechten Teil von Abbildung 5.9).*

Bei überschaubaren Konzernstrukturen mit klar definierten Abhängigkeitsbeziehungen bietet es sich tendenziell an, die erste Variante zu realisieren, um Probleme bei der Konsolidierung der einzelnen Gesellschaften und deren Abschlüssen zu vermeiden. In diesem Fall würde man für die Holding bzw. Muttergesellschaft einen Mandanten mit Buchungskreis und für jedes Tochterunternehmen einen separaten Buchungskreis unter dem gleichen Mandanten einrichten (vgl. hierzu beispielsweise [SAP AG (2012 – Struktur)]).

Da sich zentrale und dezentrale Anwendungen letztlich nur in der physischen Verteilung der eingesetzten Applikationen unterscheiden, werden die grundlegenden Systeme nachfolgend bei den zentralen Ansätzen behandelt.

5.3.1.1   Zentrale Anwendungen

Allgemeine Aspekte

Die wichtigsten IT-Anwendungen für die Abwicklung von Geschäftsprozessen im betriebswirtschaftlichen Umfeld sind **ERP- und SCM-Systeme**. Während erstere die unternehmensinternen Abläufe unterstützen und daher im Mittelpunkt der nachfolgenden Ausführungen stehen, liegt der Schwerpunkt von letzteren auf der zwischenbetrieblichen Integration und Kooperation. Darüber hinaus gibt es zahlreiche Applikationen für die operativ-dispositiven und taktisch-strategischen Unternehmensebenen (vgl. Abbildung 5.10).

Abkürzung bzw. Akronym	Begriffsauflösung	Literaturhinweis
ERP (-System)	• Enterprise Resource Planning („Planung von Unternehmensressourcen")	• Gronau (2010) • Kurbel (2010)
SCM (-System)	• Supply Chain Management („Lieferketten-Management")	• Knolmayer u.a. (2010) • Kurbel (2010)
CRM (-System)	• Customer Relationship Management („Kundenbeziehungs-Management")	• Bruhn (2008) • Greenberg u.a. (2009)
BI (-Anwendung)	• Business Intelligence („Unternehmens-Intelligenz")	• Kemper u.a. (2010)
PDM (-Anwendung)	• Product Data Management („Produktdaten-Management")	• Sendler u.a. (2011)
MES (-System)	• Manufacturing Execution („Produktionsausführung")	• Louis (2009) • Thiel u.a. (2010)

Abkürzung bzw. Akronym	Begriffsauflösung	Literaturhinweis
PLM (-Anwendung)	• Product Lifecycle Management („Produktlebenszyklus-Management")	• Sendler u.a. (2011)
SRM (-Anwendung)	• Supplier Relationship Management („Lieferantenbeziehungs-Management") • Stakeholder Relationship Management („Anspruchsgruppen- oder Interessentenbeziehungs-Management")	• Appelfeller u.a. (2011) • Stößlein (2006)

Abbildung 5.10   IT-Anwendungen für die Abwicklung von Geschäftsprozessen

Diese Aufstellung ist keineswegs vollständig. Aufgrund von betriebswirtschaftlichen und technologischen Neuerungen sowie insbesondere aus Marketing-Gründen werden in der Wirtschaftsinformatik immer neue Termini geprägt, deren Innovationsgehalt bei näherer Betrachtung häufig nur marginal ist. Dementsprechend bestehen zwischen den verschiedenen Ansätzen und Konzepten oftmals inhaltliche Überschneidungen, die eine klare Einteilung und Zuordnung zu bestimmten Aufgabenbereichen oder -ebenen nicht zulassen.

ERP-Systeme als Beispiel für die praktische Umsetzung des theoretischen Konzepts einer Integrierten Informationsverarbeitung

Gemäß seiner Bezeichnung unterstützt ein ERP-System die Planung aller Unternehmensressourcen. Diese gängige Begriffsabgrenzung im engeren Sinne ist jedoch insofern unzureichend, als auch die Tätigkeiten „Steuerung" und „Kontrolle" zur Realisierung eines geschlossenen Regelkreises durchgeführt werden können. Im weiteren Sinne ist ein ERP-System demnach eine IT-Anwendung zur Verwaltung, Disposition, Durchführung und Überwachung von betrieblichen Abläufen sowie aller hierfür benötigten materiellen und immateriellen Ressourcen. Letztere umfassen die Informationen und Daten zur Abwicklung der Geschäftsprozesse.

ERP-Anwendungen wurden historisch betrachtet Anfang der 1990er-Jahre aus **Produktionsplanungs- und -steuerungs (PPS)-**Systemen evolutionär weiterentwickelt, die ihrerseits in den 1960er-Jahren aus Applikationen für die reine Stücklistenauflösung entstanden sind. Der **Fertigungsbereich** wurde zu Beginn des Einsatzes von IT-Anwendungen in den Unternehmen Mitte der 1950er-Jahre deshalb vorrangig betrachtet, da in diesem Umfeld diverse Massendatenverarbeitungsaufgaben anfielen, die sich iterativ wiederholen. So führte etwa die Automatisierung der Stücklistenauflösung zu einer nachhaltigen Entlastung der Benutzer von diesen schematisch ablaufenden Routinetätigkeiten.

Aufgrund der zahlreichen Verbindungen des Produktionssektors zu den vor- und nachgelagerten sowie den übergeordneten Bereichen wurden die Funktionalitäten sukzessive erweitert. Eine zentrale Bedeutung haben beispielsweise die Materialwirtschaft sowie das interne und externe Rechnungswesen. Diese **zunehmende Integration** führte schließlich zu einem umfassenden System-Ansatz, der alle betriebswirtschaftlich relevanten Teilgebiete abdeckt und die betrieblichen Geschäftsprozesse entlang der Wertschöpfungskette in horizontaler sowie in vertikaler Richtung unterstützt (vgl. hierzu beispielsweise die (theoretische) Gesamtkonzeption einer Integrierten Informationsverarbeitung in [Mertens (2009), S. 6]).

Während zu Beginn des IT-Einsatzes bei den Anwendungsprogrammen mangels Alternativen ausschließlich eigenentwickelte **Individualsoftware** zur Verfügung stand, wird in den Unternehmen heutzutage bevorzugt **Standardsoftware** verwendet. Aus dieser Entwicklung resultiert ein grundlegendes Problem:

1. Betriebswirtschaftliche Standardsoftware ist per definitionem branchen- und betriebstypenübergreifend sowie unabhängig von der jeweiligen Unternehmensgröße einsetzbar.

2. Gleichzeitig hat aber jedes Unternehmen bezüglich der genannten Merkmale sehr individuelle Ausprägungen und zudem unterschiedliche Anforderungen im Hinblick auf die Abwicklung seiner Geschäftsprozesse.

In der Folge müssen moderne ERP-Systeme drei fundamentale Eigenschaften aufweisen, um die betrieblichen Abläufe mit ihren spezifischen Eigenheiten in geeigneter Form abbilden zu können (vgl. Abbildung 5.11).

1. Skalierbarkeit
Dieses Merkmal benennt die Möglichkeit, die Leistung eines Systems aus Hard- und Software durch das Hinzufügen (oder gegebenenfalls auch Entfernen) von Ressourcen (Knoten bzw. Rechner) in einem definierten Bereich proportional an die jeweiligen Erfordernisse anzupassen. Voraussetzung hierfür ist eine Software-Architektur, die Skalierbarkeit unterstützt und beispielsweise für die parallele Verarbeitung auf mehreren Knoten ausgelegt ist. Hierbei sind grundsätzlich zwei Optionen denkbar:

- Bei der **Vertikalen Skalierung** (Scale up) wird ein singulärer Knoten oder Rechner hardwaremäßig adaptiert, indem man z.B. eine weitere Zentraleinheit installiert oder den verfügbaren Haupt- und Festplattenspeicherplatz vergrößert. Dies führt prinzipiell zu einer Leistungssteigerung des Systems und damit zu einer Erhöhung der Verarbeitungsgeschwindigkeit.

- Eine **Horizontale Skalierung** (Scale out) liegt vor, wenn man den bestehenden Verbund von Knoten oder Rechnern um zusätzliche Komponenten erweitert. Hierdurch ergibt sich ebenfalls eine Leistungssteigerung des Gesamtsystems, wenngleich dieser Ansatz dem in Kapitel 3.2.3.1 genannten Prinzip des möglichen Minimalismus und der Konsolidierung bei der Optimierung von Geschäftsprozessen widerspricht. Dagegen korrespondiert er mit dem Grundsatz des nötigen Maximalismus (vgl. Abbildung 3.10).

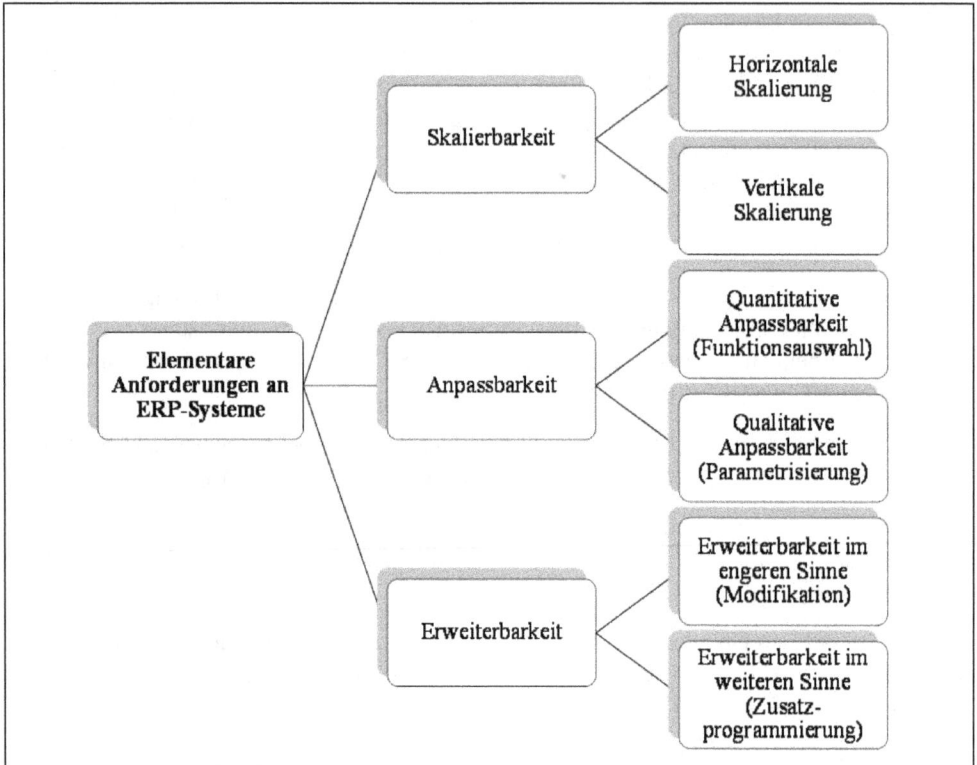

Abbildung 5.11   Elementare Anforderungen an ERP-Systeme

2. **Anpassbarkeit**

Im Unterschied zu der vorab genannten Eigenschaft bezeichnet dieses Merkmal die Fähigkeit einer flexiblen **Anpassung des originären Leistungsumfangs** an die jeweils geforderte Größe. Auch dabei sind erneut zwei Aspekte zu betrachten:

- Eine **Quantitative Anpassbarkeit** ist technisch mittels einer modularen Struktur und der Kapselung von Funktionen in Komponenten realisierbar, die innerhalb gewisser Freiheitsgrade kundenindividuell zusammengestellt werden können.

- Hingegen beinhaltet eine **Qualitative Anpassbarkeit** die Möglichkeit, eine Software mit einem gegebenen Leistungsumfang zu parametrisieren („Customizing"). Hierdurch können die Funktionen variiert und an die jeweiligen Anforderungen spezifisch angepasst werden (vgl. hierzu erneut Kapitel 5.3.1.1).

Gleichwohl besteht aber bei diesem Schritt auch die Notwendigkeit, das **Unternehmen an die Software** zu **adaptieren**. Da eine betriebswirtschaftliche Standard-Lösung naturgemäß idealtypische Prozesse modelliert, die in der Praxis häufig so nicht existieren und auch mittels einer Parametrisierung nicht abgebildet werden können, ist ein derartiger „**Mittelweg**" oftmals zwingend geboten.

Auch wenn dieser Schritt zunächst als ein gravierender Nachteil von Standardsoftware erscheinen mag, bietet er langfristig jedoch die Chance, die Abläufe in einem Unternehmen zu vereinheitlichen und damit transparent zu machen.

3. **Erweiterbarkeit**

Falls weder eine Skalierung noch die Anpassung einer Software für eine hinreichend genaue Erfüllung der Leistungsanforderungen und Abbildung der betrieblichen Realität ausreichen, bleibt nur noch die Möglichkeit einer kundenindividuellen Erweiterung. Hierbei lassen sich wiederum zwei Fälle unterscheiden:

- Bei einer **Erweiterung im engeren Sinne** wird der originäre Quellcode der Anwendung vom Kunden modifiziert. Hierfür bedarf es normalerweise spezieller Berechtigungen zur Änderung, welche für die betroffenen Entwicklungsobjekte vom Hersteller vorab einzuholen sind (z.B. für ein Datenbankobjekt, einen Funktionsbaustein oder eine Klasse).

  Durch den Eingriff des Anwenders in das System erlischt in der Regel die Wartungsgarantie des Herstellers für dieses Objekt. Zudem kann es Probleme bei der Installation von Software-Updates geben, wenn ein Entwicklungsobjekt durch eine neuere Version ersetzt werden soll und hierdurch die vom Kunden vorgenommenen Änderungen gegebenenfalls überspielt werden.

- Eine **Erweiterung im weiteren Sinne** liegt dann vor, wenn der Quelltext des Herstellers an definierten Stellen durch kundeneigene Programmierleistungen ergänzt wird oder das System über eine Entwicklungsumgebung die Möglichkeit bietet, zusätzliche Funktionen zu implementieren (z.B. einen Analyse-Bericht).

Die auf dem Markt angebotenen ERP-Produkte können nach unterschiedlichen Merkmalen gruppiert werden (vgl. Abbildung 5.12; eine ausführliche Klassifikation der Erscheinungsformen von Unternehmen im Allgemeinen sowie Produktionssystemen im Speziellen findet sich beispielsweise in [Wöhe u.a. (2010), S. 27–32] und [Günther u.a. (2011), S. 10–22]). Bei der Auswahl einer geeigneten Lösung für ein bestimmtes Unternehmen läuft der Prozess im Prinzip genauso ab wie bei der Festlegung einer Software für die Geschäftsprozess-Modellierung (vgl. hierzu erneut Kapitel 3.2.2.1 und darin insbesondere Abbildung 3.6).

Merkmal	Mögliche Merkmalsausprägungen	Mögliche Werte/ Beispiel
Unternehmensgröße nach Anzahl der Mitarbeiter	Kleine Unternehmen	10–100 Mitarbeiter
	Mittlere Unternehmen	100–2.500 Mitarbeiter
	Große Unternehmen	2.500–400.000 Mitarbeiter
Branche bzw. Wirtschaftszweig	Primärer Sektor (Urproduktion)	Land- und forstwirtschaftliche Betriebe
	Sekundärer Sektor (Industrie)	Anlagen- und Maschinenbauunternehmen

Merkmal	Mögliche Merkmalsausprägungen	Mögliche Werte/ Beispiel
	Tertiärer Sektor (Dienstleistungen)	Handels- und Dienstleistungsunternehmen
Prozesstyp	Diskrete (diskontinuierliche) Prozesse	Anlagen- und Maschinenbauunternehmen
	Stetige (kontinuierliche) Prozesse	Chemie-, Pharma- und Nahrungsmittelunternehmen
Art der Software bzw. des Geschäftsmodells	Traditionelle Standardsoftware	SAP ECC 6.0
	Open Source-Software	OpenERP
	Cloud Computing/ Application Service Providing (ASP; vgl. Kapitel 5.3.2.1)	SAP Business ByDesign
Ort der Implementierung und Art des Vertrags bzw. des Geschäftsmodells (vgl. Kapitel 5.3.2.2)	Installation beim Kunden	Kauf („On Premise") oder Miete („Appliance")
	Installation beim Anbieter oder einem Service-Partner	Kauf („Hosting") oder Miete („On Demand")

Abbildung 5.12   Merkmale und Ausprägungen zur Klassifikation von ERP-Systemen

Viele ERP-Systeme erfüllen die in Abbildung 5.11 genannten Anforderungen, wenngleich sie oftmals auf bestimmte Branchen und Zielgruppen ausgerichtet und damit wiederum an bestimmte Einsatzvoraussetzungen gebunden sind. Ebenso gibt es vorkonfigurierte Produkte, die nicht detailliert angepasst werden können, sondern lediglich eine Auswahl standardisierter Funktionen durch das Anwenderunternehmen vorsehen.

Eine aktuelle und ausführliche Marktübersicht zu entsprechenden Anbietern bzw. Produkten findet sich beispielsweise in [TeDo (2012 – ERP)]).

Hinsichtlich der fachbezogenen Struktur liegt den meisten Lösungen ein funktionsorientierter Aufbau zugrunde, der sich an den betriebswirtschaftlichen und technischen Aufgaben in einer Wertschöpfungskette sowie den übergreifenden Querschnitts-Tätigkeiten orientiert. Die Funktionen werden dabei top-down immer weiter detailliert, bis man schließlich zu elementaren Arbeitspaketen gelangt.

Beispiel
*In der **ERP-Lösung SAP ECC 6.0** ist das Standard-Menü in Form einer hierarchischen Baumstruktur aufgebaut, die mehrere Funktionskomplexe beinhaltet (z.B. „Büro", „Logistik" und „Rechnungswesen" (vgl. Abbildung 5.13)). Sie werden ebenso wie die ausführbaren*

Transaktionen auf den untersten Ebenen in Abhängigkeit von den Aufgaben und Berechti-
gungen eines Benutzers angezeigt und können individuell konfiguriert werden. Beispielswei-
se darf eine Person im Vertrieb naturgemäß nicht die gleichen Objekte bearbeiten wie ein
Disponent in der Logistik oder ein Mitarbeiter des externen Rechnungswesens.

Bei Geschäftsanwendungen für Enterprise Resource Planning hat die SAP AG einen weltweiten Marktanteil von ca. 25 % (vgl. [SAP AG (2008), [SAP AG (2012 – ERP)]). Aus
diesem Grund wird nachfolgend das Produkt SAP ECC 6.0 exemplarisch betrachtet. Es bildet zusammen mit weiteren Lösungen das Portfolio der SAP in diesem Bereich.

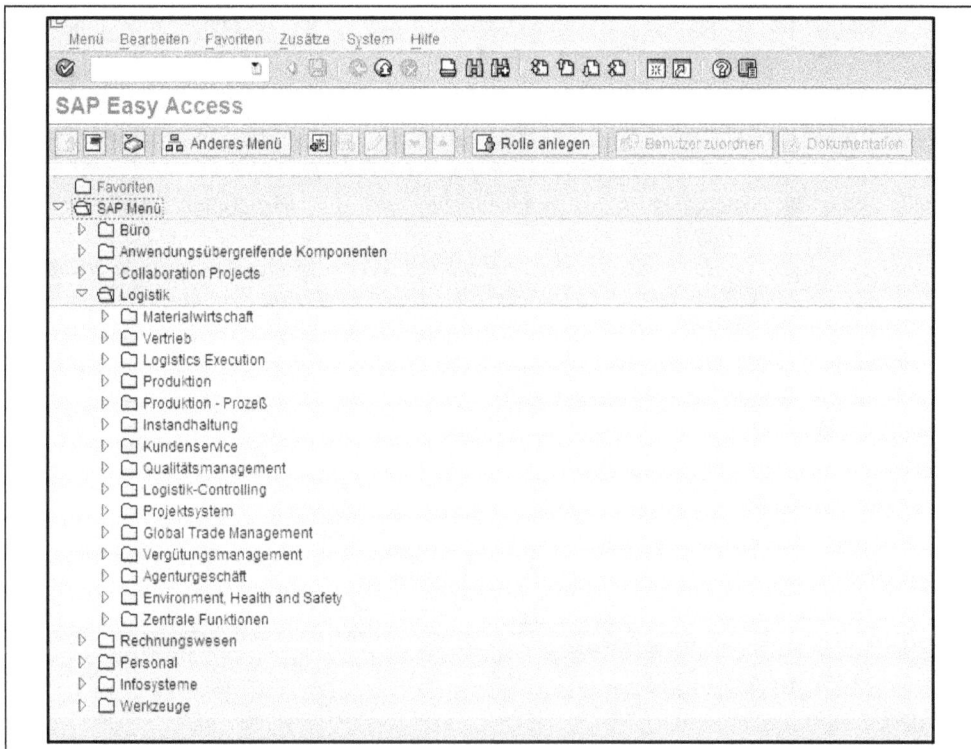

Abbildung 5.13 SAP Easy Access-Menü in SAP ECC 6.0 (Quelle: [SAP AG])

Systemeinführung

Die Abbildung eines realen Unternehmens bzw. die Anpassung der ERP-Standardsoftware
SAP ECC 6.0 an die betrieblichen Rahmenbedingungen umfasst prinzipiell zwei Bereiche
(vgl. Abbildung 5.14):

1. **Einstellung der Parameter** (Aufbau- und Ablauforganisation) und

2. *Festlegung der Prozessabläufe* (Ablauforganisation).

Aufgrund der bestehenden Interdependenzen können diese nicht klar voneinander getrennt werden. So ergeben sich häufig erst im Verlauf eines Projektes neue Anforderungen, welche aus den bis dato gewonnenen Erkenntnissen über die Umsetzbarkeit der ursprünglich geplanten Abläufe resultieren. Dies hat gegebenenfalls wiederum Einfluss auf die Aufbauorganisation, die ihrerseits eine Modifikation der Prozesse und deren Feinjustierung bedingt.

Prinzipiell betrachtet man in der **Einführungsphase** zunächst immer die **statischen** und anschließend die **dynamischen Komponenten eines Systems** (vgl. hierzu erneut Kapitel 2.2.2 und Kapitel 4.2.1.5).

In der vorbereitenden **Konzeptionsphase** ist die **Vorgehensweise genau umgekehrt**. Hier werden anfangs die zu implementierenden Prozesse festgelegt und erst nachfolgend die hierfür notwendigen Parametereinstellungen identifiziert.

Beispiel
Ein Beratungsunternehmen, welches die Prozesse bei einem Kunden restrukturieren und optimieren soll, wird sich üblicherweise zu Beginn des Projektes einen Überblick über die aktuelle Situation verschaffen. Dazu gehören einerseits das vorbereitende Studium von Unterlagen über die projektbezogenen Rahmenbedingungen des Unternehmens und andererseits eine systematische Betriebsbegehung, die anhand von geeigneten Hilfsmitteln dokumentiert werden sollte (z.B. Notizen in analoger oder digitaler Form, Fotographien etc.; vgl. hierzu erneut Kapitel 3.2.1 und 3.2.2). Während man die statischen Komponenten der Aufbauorganisation dabei vergleichsweise einfach identifizieren kann, gestaltet sich die Erhebung der dynamischen Prozesse aufgrund ihrer oftmals komplexen Abläufe und Beziehungen gemeinhin schwieriger.

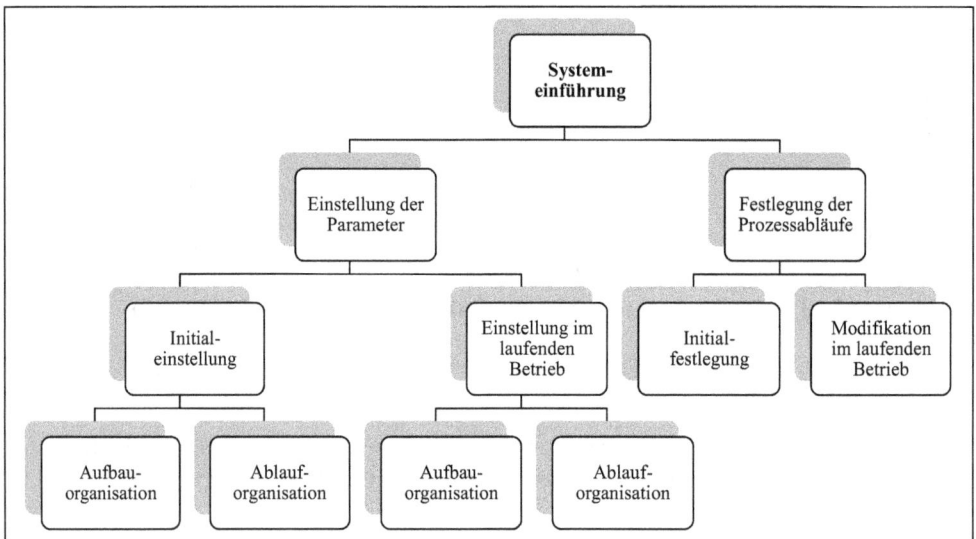

Abbildung 5.14   Aufgabenkomplexe bei der Systemeinführung

Einstellung der Parameter (Aufbau- und Ablauforganisation)

Die Anpassung der Standardsoftware an die betrieblichen Gegebenheiten erfolgt zunächst über umfangreiche **Customizing-Einstellungen**, wobei erneut **zwei Aufgabenkomplexe** zu unterscheiden sind, die zeitlich aufeinander folgen:

1. **Initialeinstellung des Systems**

    Bei der Initialeinstellung wird ein ERP-System vor der eigentlichen Inbetriebnahme („Go Live" oder „Going Live") für den Produktiveinsatz vorbereitet. Im Rahmen dieser Parametrisierung ist eine systematische Vorgehensweise opportun, bei welcher die verschiedenen Stammdaten top-down gepflegt werden. So beginnt man in der Regel mit den Elementen und Strukturen der Aufbauorganisation (z.B. für die Bereiche „Finanzwesen", „Logistik", „Vertrieb" und „Personalwirtschaft") und detailliert die einzelnen Sektoren sukzessive immer weiter.

    Beispiel

    *In den Stammdaten der **Einlagerungssteuerung bei der Lagerverwaltung** kann man über den Parameter „Mischbelegung" einstellen, ob auf einem Lagerplatz des übergeordneten Lagertyps mehrere unterschiedliche Materialien oder nur ein einziges Produkt vorgehalten werden darf (vgl. Abbildung 5.15). Ein leeres Feld impliziert eine artikelreine Belegung in dem betreffenden Lagertyp. In diesem Fall müssen alle Lagereinheiten auf einem bestimmten Lagerplatz dasselbe Material sowie eine identische Chargennummer haben. Für das Feld gibt es weitere Einstellungsmöglichkeiten, die sich auf die verschiedenen Prozesse im Lager auswirken (vgl. [SAP AG (2012 – Mischbelegung)]).*

    Die Initialeinstellung eines SAP ECC 6.0-Systems kann durch sogenannte „**B**usiness **C**onfiguration Sets (BC-CUS)" unterstützt werden (vgl. [SAP AG (2001)]). Hierbei erfolgt die Parametrisierung auf Basis einer generischen Vorlage, die praktisch bewährte Einstellungen und Werte beinhaltet. Diese werden von einem zentralen Quell- bzw. Referenz-System in das zu konfigurierende Zielsystem kopiert und dort gegebenenfalls noch angepasst (vgl. hierzu erneut Abbildung 5.9). Für das Change Management im Zusammenhang mit Updates und Änderungen sowie für Dokumentationszwecke findet zudem eine detaillierte Protokollierung der Vorgänge statt.

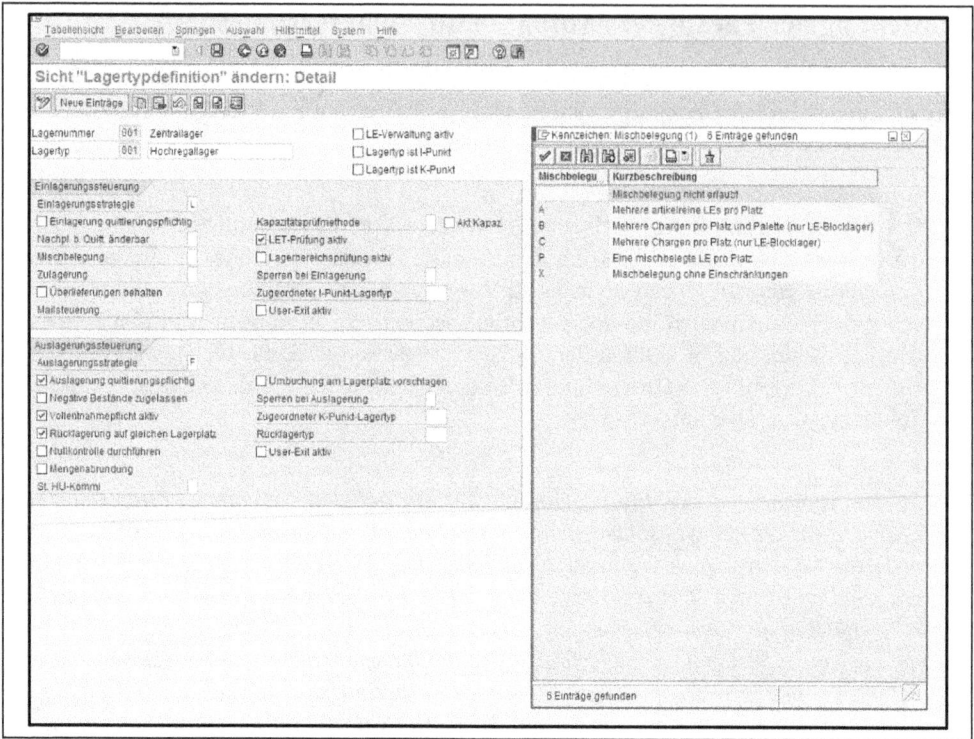

Abbildung 5.15   Customizing eines Lagertyps (Hochregallager) in SAP ECC 6.0 (Transaktion: SPRO; Quelle: [SAP AG])

2.   Einstellung des Systems im laufenden Betrieb

Nach der Produktivsetzung einer ERP-Anwendung muss die Software permanent an die sich ändernden Rahmenbedingungen angepasst werden. Dies kann teilweise über die regelmäßige Installation der vom Hersteller angebotenen Updates erfolgen, z.B. bei einer gesetzlichen Neuregelung der Steuertarife oder Sozialabgaben mit Auswirkungen auf die Personaladministration. Wenn eine solche Wartung nicht ausreichend ist und auch die Stammdaten nicht entsprechend geändert werden können, bleibt nur der unmittelbare Eingriff in das System und die Modifikation der geeigneten Parameter.

Beispiel

*Bei einer **Änderung der Mindestbestellmengen** durch einen Lieferanten kann es erforderlich sein, die Losgrößen im Beschaffungssektor zu erhöhen, um die neuen Vorgabewerte dieses Kreditors zu überschreiten und damit (wieder) bessere Konditionen bezüglich der Preise und Rabatte zu erhalten. Desgleichen mag eine Anpassung der Losgrößen im Sektor „Produktion" mit dem Ziel einer besseren Kapazitätsauslastung als sinnvoll erachtet werden (vgl. hierzu das Beispiel zu den Zielen der Fertigungssteuerung in diesem Kapitel unten).*

Beim Customizing der verschiedenen Sektoren bzw. Module sind hersteller- und phasenunabhängig zwei grundlegende Herausforderungen zu bewältigen:

1. **Anzahl der Parameter**
   Eine betriebswirtschaftliche Standardsoftware muss aus den vorab genannten Gründen flexibel an die jeweiligen Gegebenheiten in einem Unternehmen anpassbar sein. Hierfür bedarf es zahlreicher Einstelloptionen, die möglichst viele der eventuell bestehenden Anforderungen unterstützen. Dies impliziert jedoch zwangläufig eine große Anzahl von Parametern, zumal auch scheinbar triviale Objekte diverse Merkmale mit umfangreichen Ausprägungen und Werten beinhalten können (vgl. hierzu erneut Abbildung 5.15 und [Dittrich u.a. (2009), S. 5–6]).

2. **Interdependenzen der Parameter**
   Ein weiteres Problem ergibt sich aus der Kombination der verschiedenen Stellgrößen und ihrem jeweiligen Einfluss auf einen bestimmten Wert. Zwischen den Variablen können fachliche Abhängigkeiten bestehen, die zu wechselseitigen Effekten bei den angestrebten Zielen führen.

   In Abbildung 5.16 sind die möglichen Auswirkungen einer Variation der Parameter P_1 bis P_4 auf eine gemeinsame Zielgröße Z_0 dargestellt. Während eine Erhöhung der Variablen P_1 zu einem Anstieg des Wertes Z_0 führt (**Quadrant I**), bewirkt eine positive Modifikation des Parameters P_2 eine Verminderung der Zielgröße Z_0 (**Quadrant II**). Bei einer neutralen Wirkung hat die Modifikation einer Stellgröße P_3 keinen Einfluss auf den Zielwert Z_0 (**Quadrant III**). Schließlich gibt es noch Parameter, deren Auswirkungen auf eine Zielgröße nicht oder nur mit einem unverhältnismäßig hohen Aufwand ermittelt werden kann (P_4 in **Quadrant IV**).

   Die in Abbildung 5.16 exemplarisch veranschaulichten Beziehungen sind in einer idealtypischen Form dargestellt. Neben diesen linearen Kurven gibt es auch sprungfixe, konvexe, konkave und polynomiale Verläufe (vgl. hierzu auch [Dittrich u.a. (2009), S. 14]).

Beispiel
*Bei den operativen Zielen der **Fertigungssteuerung** unterscheidet man gemeinhin zwischen den betriebsseitigen Größen „Niedrige Bestände" und „Hohe Kapazitätsauslastung" sowie den marktseitigen Zielen „Kurze Durchlaufzeit" und „Hohe Termintreue" (vgl. hierzu beispielsweise [Mertens (2009), S. 151–152]).*

*In diesem Kontext führt eine Erhöhung der **Sicherheitsbestände** normalerweise zu einer höheren **Kapazitätsauslastung**, da Leerzeiten an den Bearbeitungsstationen infolge einer unzureichenden Materialversorgung seltener auftreten. Gleichzeitig steigen damit aber die mittleren **Durchlaufzeiten** in der Produktion an und gefährden ceteris paribus das Ziel einer hohen **Termintreue**. Wegen dieser Interdependenzen müsste bei der Einstellung der relevanten Parameter also rein theoretisch ein polykriterialer Simultanansatz gewählt werden, der alle Ziele gleichermaßen optimiert.*

Dieser Sachverhalt ist noch einmal zusammenfassend in Abbildung 5.17 veranschaulicht. Würde man statt der Losgröße beispielsweise einen Parameter modifizieren, der sich unmittelbar auf den Lagerbestand auswirkt, hätte dies gegebenenfalls wiederum Einfluss auf erstere sowie die mittleren Durchlaufzeiten.

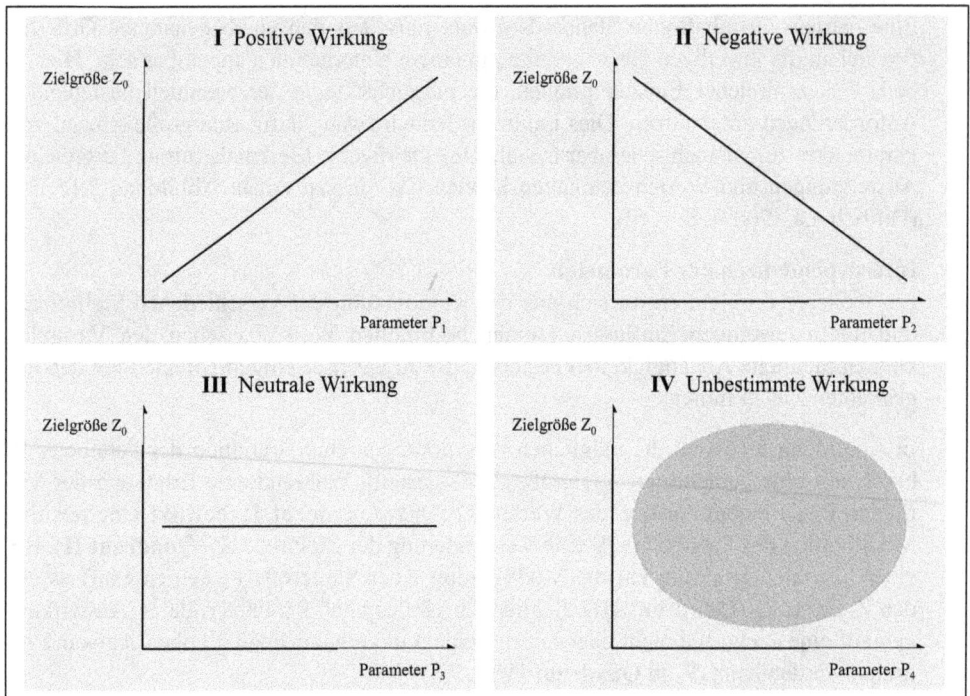

Abbildung 5.16   Auswirkungen einer Parametervariation auf eine gemeinsame Zielgröße

Die Intention einer „guten" Parametrisierung besteht somit letztlich in der **Realisierung eines Gesamtoptimums für das Unternehmen**. Aufgrund der genannten Probleme und der Tatsache, dass in einem großen ERP-Projekt normalerweise mehrere Mitarbeiter in unterschiedlichen Funktionsbereichen die Einstellungen vornehmen, wird dieses Ziel jedoch häufig nicht erreicht. Vielmehr entstehen lokale Optima, deren isolierte Betrachtung eine ganzheitliche Verbesserung der Geschäftsprozesse verhindert. In der betriebswirtschaftlichen Forschung wurden daher Ansätze entwickelt, um dieser Herausforderung zu begegnen.

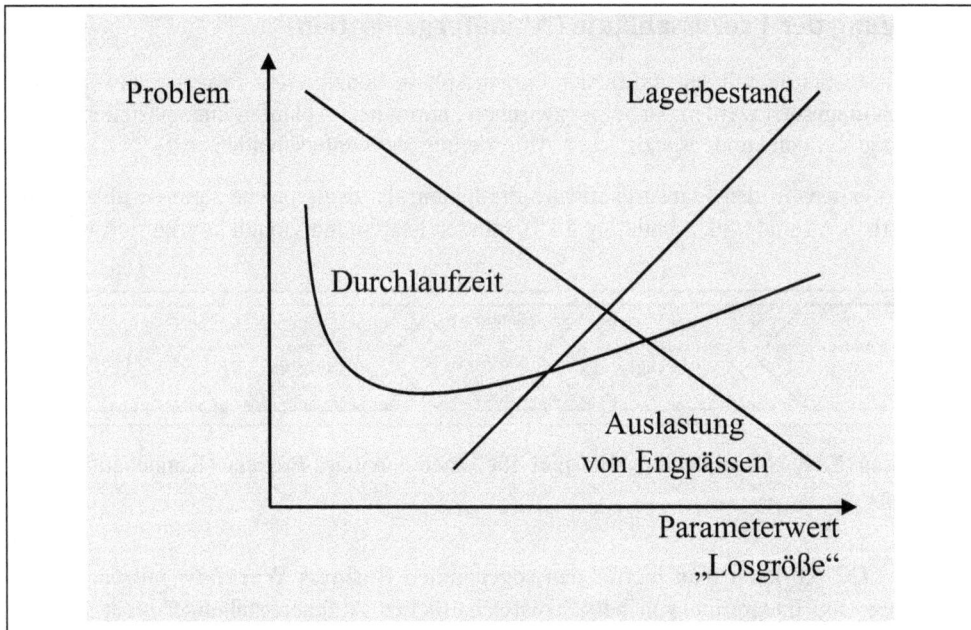

Abbildung 5.17 Unterschiedliche Wirkungsmöglichkeiten von Parametern auf eine Zielgröße (Eigene Darstellung nach [Dittrich u.a. (2009) S. 14, Quadrant IV])

Beispiel
Ein mögliches Hilfsmittel ist die **diskrete Simulation**. *Hierunter versteht man „das Nachbilden eines Systems mit seinen dynamischen Prozessen in einem experimentierfähigen Modell, um zu Erkenntnissen zu gelangen, die auf die Wirklichkeit übertragbar sind. [...]. Im weiteren Sinne wird unter Simulation das Vorbereiten, Durchführen und Auswerten gezielter Experimente mit einem Simulationsmodell verstanden." (vgl. [VDI (2000), S. 3]).*

Dittrich u.a. haben einen prototypischen **PPS-Simulator** *entwickelt, mit dessen Hilfe man die verschiedenen Konfigurationsalternativen bewerten und vergleichen kann. Hierdurch ist es möglich, die Qualität der Einstellungen zu verbessern und lokale Suboptima zu vermeiden (vgl. [Dittrich u.a. (2009), S. 32–35]).*

Das Werkzeug umfasst zwei Komponenten. Während die **Simulationsumgebung** *eine strukturierte Durchführung der modellgestützten Experimente ermöglich, ist das* **Parametereinstellungs- und -controlling-Tool** *als Add-on für die Umsetzung der gewünschten Konfiguration in das zugrundeliegende SAP ERP-System zuständig.*

Ein wesentlicher Nachteil der Simulation besteht in ihrer Eigenschaft, lediglich die Auswirkungen unterschiedlicher Handlungsalternativen auf bestimmte Zielgrößen zu veranschaulichen. Die Experimente führen jedoch nicht zwangsläufig zu einem Optimum im mathematischen Sinne. Aus diesem Grund obliegt die endgültige Auswahl eines Szenarios auch weiterhin dem menschlichen Entscheidungsträger.

Festlegung der Prozessabläufe (Ablauforganisation)

Im nächsten Schritt müssen die in der Entwurfsphase konzipierten Prozesse anwendungstechnisch umgesetzt werden. Dabei ist zwischen „normalen" Abläufen und speziellen Workflows aufgrund von kundenspezifischen Anforderungen zu unterscheiden.

Während erstere in den Standardsoftware-Produkten als idealtypische Referenzabläufe implizit vorhanden sind (vgl. Abbildung 5.18), müssen letztere individuell konfiguriert werden.

Abbildung 5.18 Vereinfachtes Beispiel für einen Standard-Prozess (Kundenauftragsabwicklung)

In SAP ECC 6.0 kann man hierfür den sogenannten **Business Workflow** nutzen, der als Werkzeug eine Integration von betriebswirtschaftlichen Aufgabenstellungen über Anwendungsgrenzen hinweg unterstützt (vgl. Abbildung 5.19).

Über die zugeordneten Funktionen ist es möglich, die Vorgänge und Geschäftsprozesse in einem SAP-System miteinander zu verbinden und so einen automatisiert ablaufenden Prozess zu definieren (z.B. für die Anlage eines Materialstamms und die damit zusammenhängende Koordination der beteiligten Abteilungen). Der Business Workflow greift dabei auf vorhandene Objekte und Transaktionen im SAP-System zurück und führt diese in einer vorgegebenen Reihenfolge aus, ohne sie zu verändern. Er eignet sich insbesondere für strukturierte Abläufe, die sich häufig wiederholen und dementsprechend gut standardisieren lassen (vgl. [SAP AG (2012 – Workflow)]).

Des Weiteren kann der Business Workflow genutzt werden, um auf Fehler und Ausnahmesituationen in existierenden Geschäftsprozessen zu reagieren. So ist es beispielsweise machbar, in Abhängigkeit von den Ergebnissen einer automatischen Prüfung bestimmte Abläufe kontextsensitiv zu starten (vgl. [SAP AG (2012 – Workflow)]).

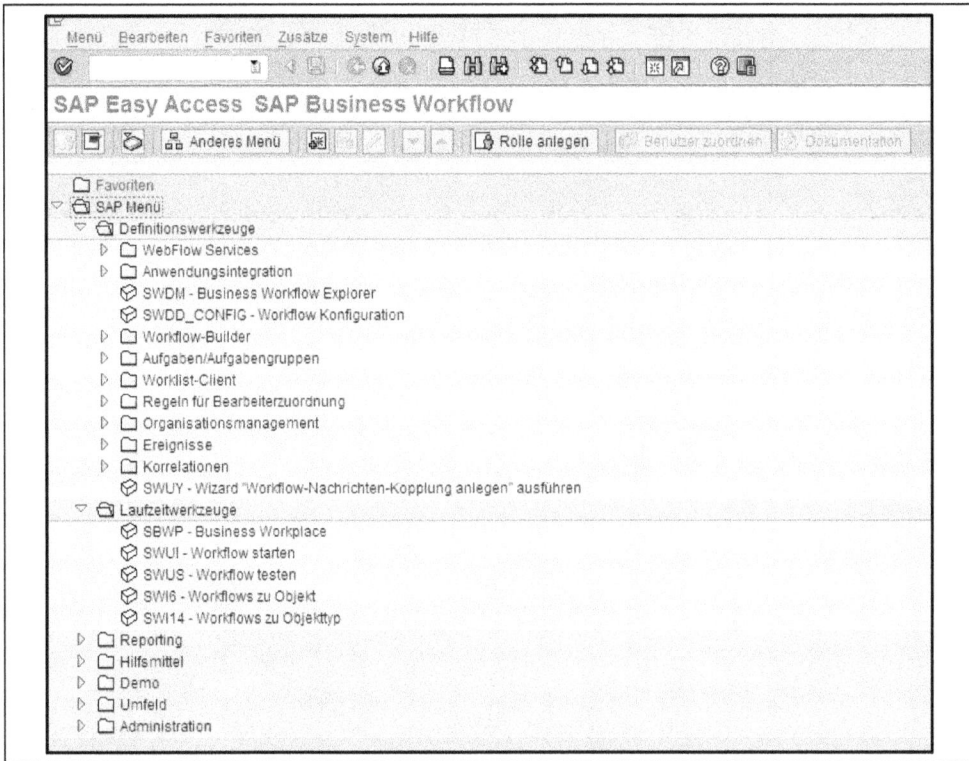

Abbildung 5.19   SAP Business Workflow in SAP ECC 6.0 (Transaktion: SWLD; Quelle: [SAP AG])

5.3.1.2   Dezentrale Anwendungen

Allgemeine Aspekte

In vielen Unternehmen haben sich die IT-Landschaften parallel zur Firmenhistorie evolutionär entwickelt. Sie weisen oftmals eine heterogene Struktur auf, die eine Vielzahl unterschiedlicher **Altsysteme („Legacy-Anwendungen")** verschiedenster Hersteller involviert. Da zwischen diesen abgeschlossenen „**Insellösungen**" häufig keine Online-Synchronisation erfolgt und ein (automatisierter oder manueller) Informationsaustausch dementsprechend nur in rudimentärer Form stattfindet, kommt es unvermeidlich zu Mehrfacherfassungen sowie Datenredundanzen und -inkonsistenzen.

Die Vielfalt der bestehenden IT-Systeme determiniert unmittelbar die Anzahl der theoretisch möglichen Punkt-zu-Punkt („Peer-to-Peer")-Verbindungen. Mathematisch kann man diesen Zusammenhang mit der nachstehenden Formel darstellen (vgl. Abbildung 5.20).

$$F(n) = \frac{n}{2} \times (n - 1) \text{ mit } n \in N \text{ } (n = \text{Anzahl der IT-Systeme})$$

Abbildung 5.20   Formel zur Berechnung der theoretisch möglichen Verbindungen zwischen n IT-Systemen

Hieraus wird ersichtlich, dass eine Zunahme der eingesetzten Anwendungen eine quadratisch ansteigende Anzahl der zu berücksichtigenden Schnittstellen zur Folge hat (vgl. Abbildung 5.21). In einer komplexen Landschaft kann dies neben den zuvor erwähnten Problemen zu einem intransparenten „Schnittstellen-Chaos" führen, das wiederum steigende Implementierungs- und Wartungskosten nach sich zieht.

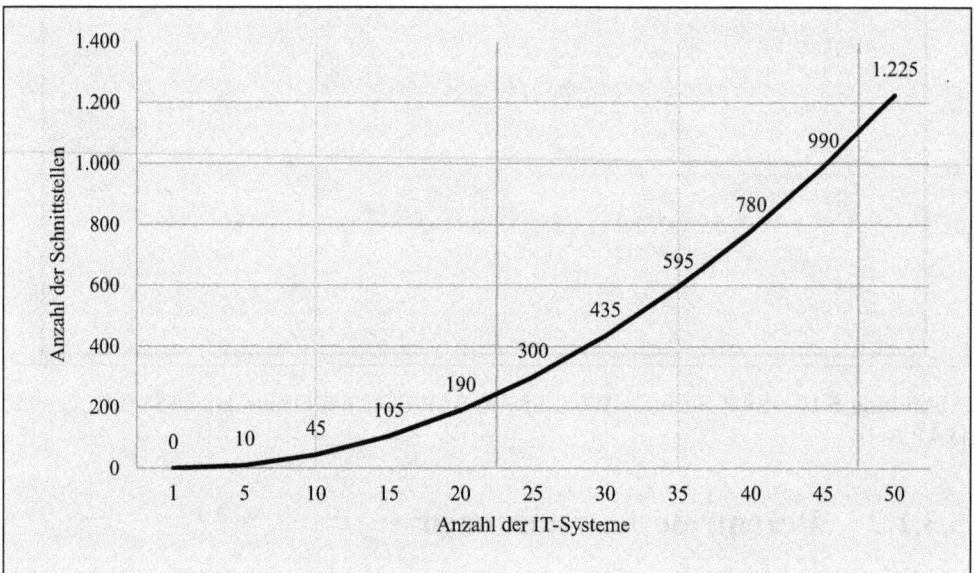

Abbildung 5.21   Anzahl der theoretisch möglichen Verbindungen zwischen n IT-Systemen

Ungeachtet dieser Nachteile müssen bestehende Altsysteme jedoch gelegentlich auch in einem Unternehmen, welches die Anzahl der laufenden Applikationen eigentlich reduzieren möchte, weiterbetrieben werden. Dies kann beispielsweise dann erforderlich sein, wenn individuell entwickelte Funktionen in alternativen Standardsoftware-Lösungen (noch) nicht implementiert sind oder eine vollständige Ablösung der Legacy-Systeme aufgrund zu hoher Kosten für die Einführung neuer Anwendungen nicht möglich ist.

Unternehmensexterne Rahmenbedingungen

Eine weitere Ursache für die skizzierte Problematik ist der Wandel in den makroökonomischen Rahmenbedingungen, der eine **zunehmende Dynamik der Märkte** bewirkt. Als Reaktion auf die verschärften Wettbewerbsbedingungen im In- und Ausland, den steigenden

Kostendruck sowie hohe Innovationsraten und kurze Innovationszyklen kommt es oftmals zu einer Ausweitung der **Kooperationen zwischen rechtlich und wirtschaftlich selbständigen Unternehmen.** Das Spektrum reicht dabei von gemeinsamen Einzelprojekten über permanente Gemeinschaftsunternehmen (Joint Venture) bis hin zu einer Verschmelzung einstmals unabhängiger Institutionen zu einer neuen Gesellschaft (vgl. hierzu z.B. [Wöhe u.a. (2010), S. 250–268]). Aus dieser strukturellen Dynamik können erneut sehr heterogene Anwendungslandschaften resultieren, da EDV-bezogene Aspekte gegenüber strategischen Überlegungen bei derartigen Vorhaben in der Regel von untergeordneter Bedeutung sind.

Beispiel
*Im Jahre 1998 kam es zur Fusion der bundesdeutschen **Daimler-Benz AG** (ca. 300.000 Mitarbeiter) und der nordamerikanischen **Chrysler Corporation**. Durch den Zusammenschluss der beiden Unternehmen zur **DaimlerChrysler AG** entstand der damals drittgrößte Autohersteller der Welt mit etwa 441.000 Mitarbeitern und einem Jahresumsatz von ungefähr 154 Milliarden US-Dollar (vgl. [Daimler-Benz AG (1997), S. 8], [DaimlerChrysler AG (1998), S. 55–58]).*

Die anfängliche Euphorie über den Zusammenschluss der beiden Autohersteller wurde schon bald von Schwierigkeiten und wirtschaftlichen Problemen überschattet. So gelang es neben kulturell bedingten Ineffizienzen nicht, die unterschiedlichen Organisationsstrukturen zu einer homogenen Einheit zu verschmelzen und die angestrebten Synergieeffekte zu erzielen. Dies führte letztlich 2007 wieder zu einer Trennung der beiden Unternehmen (vgl. [Daimler AG (2007), S. 25]).

Ansätze zur Homogenisierung

Um die Anwendungen und IT-Systeme in einer heterogenen Landschaft zu integrieren und die Anzahl der möglichen Schnittstellen zu reduzieren, gibt es prinzipiell drei Möglichkeiten (vgl. Abbildung 5.22 sowie erneut die allgemeinen bzw. IT-bezogenen Grundsätze der Geschäftsprozess-Optimierung in Kapitel 3.2.3.1).

1. **Konsolidierung**
   Der Begriff der Konsolidierung oder Konsolidation (von lateinisch „con" = zusammen und „solidare"= festigen bzw. „Festwerden" oder „Verfestigung") wird primär in den Finanzwissenschaften verwendet. So bezeichnet er im Kontext des externen Rechnungswesens den Vorgang der Aggregation und Bereinigung von Einzelabschlüssen mehrerer Gesellschaften einer zusammengehörigen Gruppe zu einem Gesamtabschluss („Konzernbilanz"). Die Bedeutung dieses Vorgangs kann man in der Wirtschaftsinformatik auf die Restrukturierung heterogener Systemlandschaften übertragen.

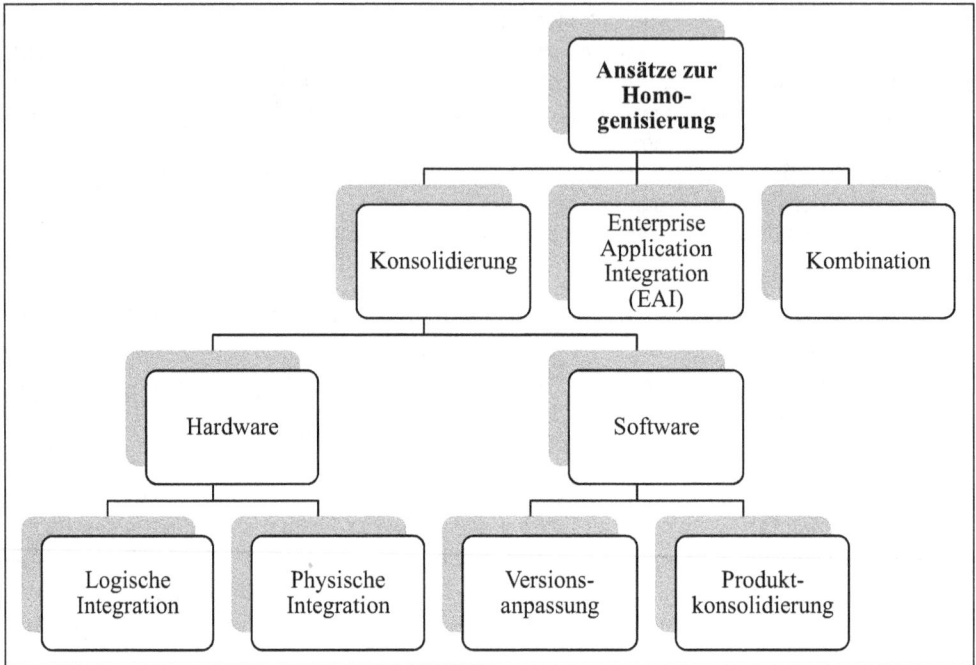

Abbildung 5.22   Ansätze zur Homogenisierung einer heterogenen Anwendungs- und Systemlandschaft

Bei einer Konsolidierung werden dementsprechend einzelne Anwendungen und Systeme eliminiert und deren Funktionalität in andere Applikationen überführt. Dies kann sowohl die zugrundeliegende **Hardware** als auch die verwendete **Software** betreffen:

a)   **Hardware**

Im ersten Schritt kann man eine **logische Integration** der eingesetzten Computer anstreben. Diese zielt auf die Verknüpfung der vormals getrennten oder nur lose gekoppelten Rechenkapazitäten zu einem Gesamtcluster. Ein Beispiel aus dem eher technischen Bereich ist das Konzept des Grid Computing zur Lösung komplexer bzw. rechenintensiver Probleme auf verteilten Anlagen (vgl. hierzu z.B. [Barth u.a. (2012)]). Im betriebswirtschaftlichen Umfeld muss eine derartige Verknüpfung sogar zwingend erfolgen, wenn das Konzept einer Integrierten Informationsverarbeitung realisiert werden soll (vgl. hierzu erneut Kapitel 5.2.2). Das oben erwähnte Problem der zahlreichen Schnittstellen bleibt dabei jedoch bestehen.

Eine **physische Konsolidierung** ist dann gegeben, wenn Maschinen tatsächlich abgeschaltet und deren Aufgaben von anderen Recheneinheiten übernommen werden. Hierdurch erfolgt gleichzeitig eine Reduktion der (technischen) Schnittstellen.

b) **Software**

Die Anbieter von Software liefern normalerweise in mehr oder weniger regelmäßigen Zeitabständen **Aktualisierungen** für ihre Produkte aus, wodurch (über sogenannte „Patches") bestehende Fehler beseitigt und/oder (über „normale" **Updates**) neue Funktionalitäten bereitgestellt werden. Letztere können fakultativ sein als Reaktion auf Kundenanforderungen oder obligatorisch aufgrund gesetzlicher Änderungen und Vorgaben (z.B. Modifikation von Steuersätzen).

In heterogenen und komplexen IT-Landschaften, die sich zudem sehr dynamisch entwickeln, besteht häufig die latente Gefahr der Existenz ungleicher Versionen des gleichen Produktes. Dies kann zu Ineffizienzen bei der Abwicklung der Geschäftsprozesse führen, wenn hieraus unbeabsichtigte Medien- und Systembrüche resultieren.

Beispiel
*Von der Bürosoftware „**Microsoft Office**" gibt es mittlerweile zahlreiche Versionen für unterschiedliche Betriebssysteme (vgl. hierzu z.B. [Microsoft Corporation (2012 – Accessibility)]). Die Komponenten sind in der Regel zu ihren Vorgängerversionen abwärtskompatibel und bieten entsprechende Funktionen zum Import „alter" Dateien. In der umgekehrten Richtung ist eine Migration jedoch oftmals nur bedingt möglich. Daher kann es zu Problemen kommen, wenn beispielsweise ein Objekt, welches mit einer neueren Ausgabe erstellt wurde, mit einer Vorgängerversion bearbeitet werden soll.*

Für den Prozess der Software-Aktualisierung in heterogenen Systemstrukturen existieren auf dem Markt zahlreiche Produkte und Lösungen. Darüber hinaus gibt z.B. das **B**undesamt für **S**icherheit in der **I**nformationstechnik (BSI) auf seinen Internet-Seiten allgemeine Hinweise für ein **sicheres Update- und Patch-Management** (vgl. [BSI (2012)]).

Wenn für gleiche Anwendungen und Funktionen in unterschiedlichen Bereichen eines Unternehmens die Produkte verschiedener Hersteller eingesetzt werden, potenziert sich das genannte Problem noch. Gleichzeitig nimmt die Anzahl der Schnittstellen tendenziell zu. Daher sollte ein Unternehmen prinzipiell bestrebt sein, die Vielfalt der implementierten Lösungen zu reduzieren und somit letztlich eine herstellerbezogene **Produktkonsolidierung** bzw. „**IT-Vendor-Consolidation**" anstreben (vgl. hierzu erneut die allgemeinen bzw. IT-bezogenen Grundsätze der Geschäftsprozess-Optimierung in Kapitel 3.2.3.1). Als wesentlicher **Nachteil** einer derartigen **Single-Sourcing-Strategie** ist die Gefahr der **Abhängigkeit** von einem bestimmten Hersteller zu nennen (zu den beschaffungswirtschaftlichen Aufgaben im Bereich der IT vgl. z.B. [Zarnekow (2007), S. 67–73]).

Die Hard- und Software-Anbieter haben ihrerseits ein Interesse daran, die von ihnen offerierten Lösungen bei ihren Kunden als Komplettpaket zu installieren. Hierbei wird oftmals die hohe Integration der einzelnen Komponenten als Verkaufsargument herausgestellt. Insbesondere große Hersteller versuchen auf diese Weise, mögliche Konkurrenzanbieter aus den Kundenunternehmen herauszuhalten oder zu verdrängen, um ihren eigenen Marktanteil zu vergrößern.

Beispiel

Die SAP AG bietet zur Verwaltung und Durchführung betrieblicher Aktivitäten ein umfangreiches Produkt- und Dienstleistungs-Portfolio auf den Gebieten „Geschäftsprozesse", „Geschäftsanalyse" und „Technologie" an. Ihre Zielgruppen sind dabei sowohl große als auch ḵleine und ṃittlere Ụnternehmen (KMU) verschiedenster Branchen (vgl. [SAP AG (2012 – Startseite)]). Da alle Lösungen aus einem Haus kommen, ist deren lückenlose Integration in hohem Maße gewährleistet. Nichtsdestotrotz besteht für potentielle Kunden die Möglichkeit, im Falle der Entscheidung für ein SAP-Produkt auch die existierenden Alt- bzw. Legacy-Systeme an die neue Lösung anzubinden.

2. Enterprise Application Integration

Wie zu Beginn dieses Kapitels dargelegt wurde, steigt in einer IT-Landschaft mit bilateralen Punkt-zu-Punkt-Verbindungen zwischen den einzelnen Systemen die Anzahl der Schnittstellen quadratisch an. Daher liegt der Gedanke nahe, eine zentrale Instanz in Form einer **Middleware** einzurichten, über die alle beteiligten Anwendungen bzw. Systeme miteinander kommunizieren. Hierdurch kann bei n Objekten (mit $n \in N$) die Anzahl der Verbindungen um den Faktor [½ x (n – 1)] auf n Verknüpfungen reduziert werden (vgl. hierzu erneut Abbildung 5.20 und Abbildung 5.21).

Ein derartiges Konstrukt bezeichnet man als **Enterprise Application Integration** (EAI; vgl. Abbildung 5.23 und [Kaib (2002), S. 79–132]). Mit dem Begriff ist zwar hauptsächlich die Middleware bzw. Komponente im Zentrum gemeint, allerdings wird der Terminus auch für die Gesamtarchitektur verwendet. Letztere bildet im Hinblick auf ihre Topologie eine Stern- bzw. **„Hub-and-Spoke"** („Nabe-und-Speiche")-Struktur (vgl. hierzu z.B. [Josuttis (2008), S. 358]).

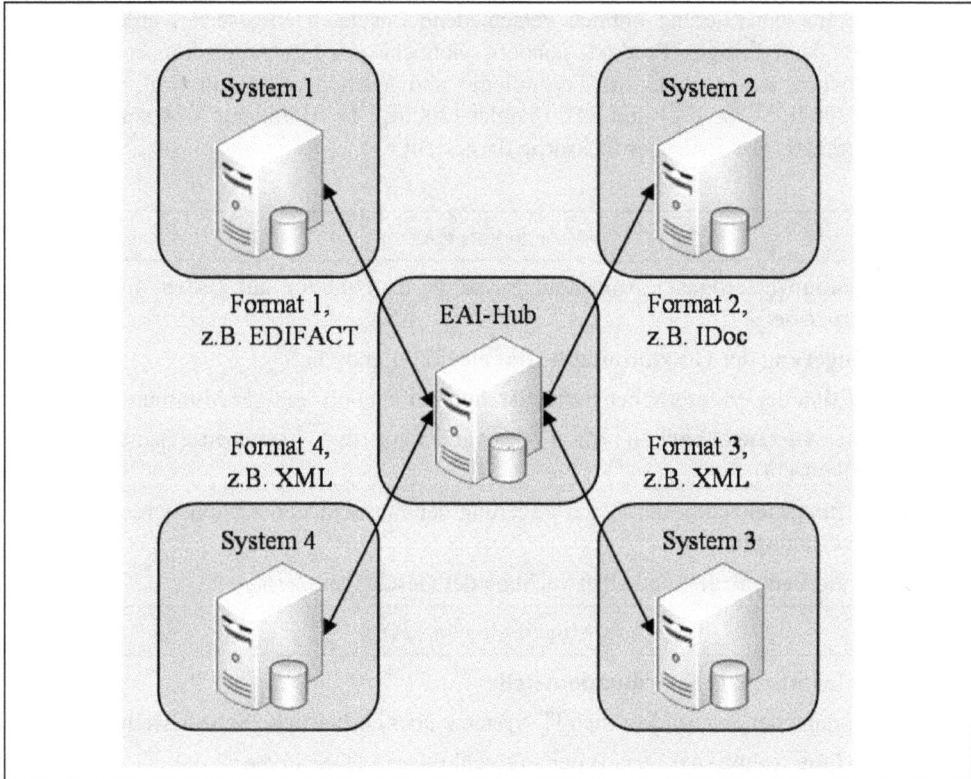

Abbildung 5.23   Enterprise Application Integration-Architektur

Im Zentrum steht hierbei der Integrationsserver („**EAI-Hub**"), an den mittels geeigneter Schnittstellen (Adapter bzw. Konnektoren) die zu integrierenden Objekte gekoppelt werden. Parallel dazu kann man Regeln festlegen, wie sich bestimmte Ereignisse in den angeschlossenen Systemen auf die hiervon tangierten Geschäftsprozesse auswirken sollen. Die gesamte Kommunikation, Datenkonvertierung und -verteilung zwischen den verschiedenen Anwendungen sowie das hierfür notwendige Routing verläuft somit über diese zentrale „**Informationsdrehscheibe**" (vgl. hierzu z.B. [Kaib (2002), S. 82]).

Als generische Spezifikation für die wechselseitige Vermittlung von Objekt-Anforderungen wurde die bereits in Kapitel 2.3.1. erwähnte CORBA-Architektur entworfen, deren Kern ein sogenannter Object Request Broker ist (vgl. z.B. [Melzer (2010), S. 74–75]). Er realisiert die oben genannte Funktionalität auf der Grundlage plattform-übergreifender Dienste und Protokolle, insbesondere weil die zu koppelnden Prozesse und Systeme meist keine einheitlichen Datenstrukturen aufweisen. Hierdurch ist es möglich, die Erstellung verteilter Anwendungen in heterogenen Systemlandschaften zu vereinfachen.

Für die Implementierung können verschiedene Lösungen eingesetzt werden. EAI ist demnach kein fertiges Produkt, sondern vielmehr ein Integrationskonzept, das eine Kombination aus Architektur, Technologie und Methodik darstellt (vgl. hierzu z.B. [Kaib (2002), S. 79–132] und z.B. [Vogler (2006)]). In Abbildung 5.24 sind die Ziele und Merkmale von EAI überblicksartig dargestellt.

Ziele von EAI
1. **Integration** heterogener Anwendungssysteme im Hinblick auf **Daten, Funktionen** und **Prozesse**
2. **Verringerung** der **Gesamtkomplexität** einer IT-Landschaft
3. **Reduktion** der erforderlichen **Schnittstellen** auf ein notwendiges Minimum
4. Leichte **Austauschbarkeit** von IT-Anwendungen und -systemen (Baustein- bzw. Modulkonzept)
5. **Investitionssicherung** durch Verlängerung der Einsatzdauer von existierenden Legacy-Anwendungen
6. **Zentrale Verwaltung** und Überwachung der Geschäftsprozesse
Merkmale von EAI
1. Zentrale Instanz als **Koordinationsstelle**
2. Verbindung der angeschlossenen IT-Systeme über **einheitliche Schnittstellen**
3. **Kapselung** technischer Details der angeschlossenen IT-Systeme
4. Kommunikation über **standardisierte Datentypen und -formate** (z.B. EDIFACT (Electronic Data Interchange for Administration, Commerce and Transport), IDoc (Intermediate Document), XML (Extensibe Markup Language)
5. Sicherstellung von **Datenkonsistenz** über alle angeschlossenen IT-Systeme hinweg
6. Kontinuierliche **Überwachung** und durchgängiges **Monitoring** aller Komponenten (IT-Anwendungen und Benutzer) des gesamten Systemverbunds

Abbildung 5.24   Ziele und Merkmale von EAI

Beispiel
*Der **Microsoft BizTalk Server** ist eine Integrationssoftware, mittels derer flexible Geschäftsabläufe verwaltet und zusammengeführt werden können. Zu diesem Zweck stellt die Middleware u.a. einen Enterprise Service Bus (ESB) und entsprechende Funktionen zur Implementierung Service-orientierter Architekturen bereit (vgl. hierzu Kapitel 5.3.2.1). Darüber hinaus bietet sie durch Adapter und Mapping-Routinen die Möglichkeit, Business-to-Business (B2B)-Szenarien zu realisieren und mobile Endgeräte über RFID (Radio Frequency Identification) einzubinden (vgl. [Microsoft Corporation (2012 – BizTalk)]).*

*Ein weiteres Beispiel für eine Middleware-Lösung ist die Komponente „Process Integra-tion" im **SAP NetWeaver**. Die Software beinhaltet generell verschiedene **Module und Werkzeuge für die Integration von Daten, Funktionen und Prozessen** (vgl. Abbildung 5.25).*

Komponente	Erläuterung
SAP NetWeaver Enterprise Search	• Einfacher und sicherer Zugang zu Unternehmensobjekten und -transaktionen
SAP NetWeaver Application Server	• Unterstützung plattformunabhängiger Webservices, Geschäftsanwendungen und Standardentwicklungen, damit vorhandene Technologien für Webservice-Lösungen weiter genutzt werden können
SAP NetWeaver Business Process Management	• Werkzeuge für die Modellierung, Ausführung und Kontrolle von Geschäftsprozessen
SAP NetWeaver Business Rules Management	• Werkzeuge für Entwurf, Ausführung und Optimierung von Verfahrensregeln für IT-gestützte Geschäftsprozesse
SAP NetWeaver Process Integration	• Technologien für eine flexible Integration von erweiterten bzw. unternehmensübergreifenden Wertschöpfungsketten über offene Standards
SAP NetWeaver Master Data Management	• Zentrale Sicherstellung der Datenkonsistenz in allen Systemen • Unterstützung der Integration von Geschäftsprozessen entlang der erweiterten bzw. unternehmensübergreifenden Wertschöpfungskette
SAP NetWeaver Portal	• Zentrale Zusammenführung aller wichtigen Informationen und Anwendungen • Unterstützung rollenspezifischer Zugriffe auf alle Informationen und Anwendungen, die man für tägliche Aufgaben benötigt
SAP Auto-ID Infrastructure	• Integration automatischer Sensoren und Empfangsgeräte (z.B. RFID-Leser und -Drucker, eingebettete Systeme, Bluetooth- und Barcode-Geräte)

Komponente	Erläuterung
SAP NetWeaver Identity Management	• Verwaltung der Identitäten von Benutzern und der entsprechenden Zugriffsrechte • Integration von Anwendungen in eine heterogene IT-Umgebung
SAP NetWeaver Information Lifecycle Management	• Optimierung der IT-Landschaft durch Abbau redundanter Informationssysteme und Konsolidierung von Datenbeständen • Automatische Berücksichtigung von rechtlichen Vorgaben an die Archivierung von Informationen
Werkzeug	**Erläuterung**
Adaptive Computing Controller	• Steuerung der Zuordnung von Rechenressourcen und deren Optimierung
SAP NetWeaver Composition Environment	• Werkzeuge für die Entwicklung und Nutzung zusammengesetzter Anwendungen
SAP NetWeaver Developer Studio	• Bereitstellung einer integrierten Entwicklungsumgebung sowie umfassender Funktionen für die Implementierung von Java-Anwendungen
SAP NetWeaver Visual Composer	• Unterstützung der Anlage von Portalinhalten • Entwicklung und Konfiguration von analytischen Anwendungen über eine graphische Oberfläche ohne manuelle Programmierung
SAP Solution Manager	• Unterstützung des technischen Supports in verteilten Systemen • Bereitstellung von Funktionen für den Betrieb und die stetige Optimierung von SAP-Lösungen

Abbildung 5.25   Komponenten und Werkzeuge des SAP NetWeaver (Eigene Darstellung nach [SAP AG (2012 – NetWeaver)])

Auf der Grundlage von EAI ist nicht nur eine unternehmensinterne, sondern auch eine **zwischenbetriebliche Integration** verschiedener IT-Systeme möglich (vgl. hierzu erneut die möglichen Dimensionen einer Integrierten Informationsverarbeitung in Kapitel 3.2.1.2).

5.3.2   Serviceorientierte Ansätze

Bei den systemorientierten Ansätzen werden jeweils ganze **Aufgabenkomplexe** betrachtet, die eine Zusammenfassung einzelner Funktionen darstellen (z.B. ERP-Systeme). Für den Nutzer einer betrieblichen IT-Leistung ist es jedoch zunächst unerheblich, in welcher Anwendung bzw. in welchem System oder an welchem Ort die gewünschte Funktionalität realisiert wird, solange die von ihm als wichtig erachteten Voraussetzungen gegeben sind. Dies können z.B. ökonomische Vorgaben sowie Anforderungen im Hinblick auf die Benutzerfreundlichkeit und die Performance oder den Datenschutz und die Datensicherheit sein.

Eine derartige Betrachtung liegt dem Konzept der **Serviceorientierung** zugrunde. Anstelle systemorientierter Merkmale stehen die originären Aufgaben und das jeweilige (Software-) Hilfsmittel zu deren Lösung im Vordergrund. Dabei kann man zwei grundlegende Perspektiven unterscheiden:

1. **Technologische Aspekte** (vgl. Kapitel 5.3.2.1)
    Es werden primär die hard- und softwarebezogenen Voraussetzungen zur Implementierung serviceorientierter Architekturen betrachtet.

2. **Organisatorische Aspekte** (vgl. Kapitel 5.3.2.2)
    Im Unterschied dazu fokussiert man bei dieser Perspektive auf die betriebswirtschaftlichen Vor- und Nachteile und überlässt die konkrete Ausführung dem Service-Dienstleister.

Naturgemäß ist eine apodiktische Trennung der beiden Aspekte nicht möglich, da jede Technologie diverse ökonomische Folgen hat und jede Organisation eine geeignete Infrastruktur benötigt. Insofern besteht hier eine gewisse Analogie zu der isolierten Betrachtung von Aufbau- und Ablauforganisation (vgl. hierzu erneut Kapitel 2.2.2 und 2.3.1). Gleichwohl erscheint die separate Behandlung aus Gründen der Übersicht und Transparenz abermals zweckmäßig.

5.3.2.1   Serviceorientierte Architekturen

Allgemeine Aspekte

In Kapitel 5.2.2 wurde bereits darauf hingewiesen, dass Funktionen im Prinzip nichts anderes als ein Aufruf von Methoden auf Objekten sind (vgl. Kapitel 5.2.2). Da **Geschäftsprozesse** wiederum ein Aufruf von Funktionen in einer kontextabhängigen Reihenfolge sind, kann man sie demzufolge als **regelbasierte Ausführung von Methoden** verstehen. Insofern liegt der Gedanke nahe, die in Kapitel 5.3.1 skizzierten Anwendungen monolithischer Art durch eine Sammlung von lose gekoppelten Objekten zu ersetzen, deren Methoden kontextsensitiv ausgeführt werden.

Mit der zunehmenden Vernetzung der IT-Systeme auf allen Ebenen (Lokal, regional, national und international), hat dieser Ansatz kontinuierlich an Bedeutung gewonnen. So werden gegenwärtig auch die vormals monolithischen Systeme in Richtung einer **Service-**

orientierten Architektur weiterentwickelt (vgl. hierzu erneut die einführende Übersicht zu Beginn von Kapitel 5.3).

SOA ist demzufolge keine spezielle Anwendung oder das konkrete Produkt eines bestimmten Herstellers, sondern vielmehr ein **allgemeines Konzept zur dynamischen Implementierung und flexiblen Abwicklung von Geschäftsprozessen** (vgl. Abbildung 5.26 sowie hierzu erneut den allgemeinen bzw. IT-bezogenen Grundsatz der Agilität bei der Geschäftsprozess-Optimierung in Kapitel 3.2.3.1).

Eine **Service-Orientierte Architektur (Englisch: Service-oriented Architecture)** ist eine Geschäftsprozess-Plattform, die modulare und kostengünstige Services zur Verfügung stellt. Diese können anforderungsspezifisch kombiniert bzw. „orchestriert" und flexibel zu einer größeren Einheit zusammengesetzt werden.

Technisch basiert SOA auf offenen und damit nicht-proprietären bzw. plattformunabhängigen Standards. Hierdurch soll eine schnellere Anpassung der bestehenden Geschäftsprozesse an veränderte Marktbedingungen und eine beschleunigte Implementierung neuer Abläufe zu möglichst geringen Kosten erreicht werden.

Der Fokus liegt dabei gleichermaßen auf inner- und über- bzw. zwischenbetrieblichen Geschäftsprozessen.

Beispiel

In vielen global operierenden Unternehmen werden die Geschäftsprozesse von einer zentralen Organisationseinheit in Kooperation mit den betreffenden Fachabteilungen entworfen (vgl. [Stiehl (2010), S. 67–68]). Die Anforderungen der verschiedenen Anwender und Landesgesellschaften können jedoch selbst bei scheinbar gleichen Abläufen erheblich voneinander abweichen, z.B. im Hinblick auf die Vorgaben durch nationale Gesetze oder Vorschriften. Hieraus ergibt sich das Problem, wie eine gleichermaßen flexible und kostengünstige Implementierung der Geschäftsprozesse zu erreichen ist.

Eine monolithische Anwendung setzt hierfür die Möglichkeit zur Anpassung der vorgegebenen Strukturen in einem geeigneten Freiheitsgrad voraus (vgl. hierzu erneut Kapitel 5.3.1.1). Hingegen kann eine Architektur mit lose verbundenen Komponenten eher an veränderte Rahmenbedingungen adaptiert werden.

Die Grundlage einer Service-orientierten Architektur sind einzelne „Software-Dienste" in atomarer Form, die **abgeschlossene Teilfunktionen** eines Geschäftsprozesses ausführen können. Zu diesem Zweck stellen sie die notwendige Logik und Methoden für den Zugriff auf die erforderlichen Daten bereit. Um Konflikte zwischen den verschiedenen Objekten zu vermeiden, ist bei der Konzeption und Realisierung auf eine möglichst weitgehende **Redundanzfreiheit** der Inhalte zu achten.

Ein implementierter Service kann selbst wiederum Teil eines Dienstes sein und plattformübergreifend in einer Vielzahl unterschiedlicher Anwendungen eingesetzt werden. Hierdurch entstehen letztlich zusammengesetzte Applikationen („**Composite Applications**"), die im Unterschied zu monolithischen Systemen lose gekoppelt sind und auf der Grundlage von Nachrichten flexibel miteinander interagieren. Dies kann sowohl innerhalb eines lokalen

Netzwerks als auch internetbasiert erfolgen, um so verschiedene Unternehmen miteinander zu verbinden und die firmenübergreifende Zusammenarbeit zu automatisieren. Parallel dazu ist auch eine Integration (neuer) Services in bereits existierende Anwendungen möglich.

Die fachlich sinnvolle Kombination und Verkettung sowie der koordinierte Aufruf der einzelnen Dienste wird als **Service-Orchestrierung** bezeichnet. In ihr manifestiert sich der entscheidende Vorteil des Ansatzes: Dienste können mit einem verhältnismäßig geringen Aufwand zu immer neuen Prozessen kombiniert werden, um z.B. regionale oder landesspezifische Besonderheiten abzubilden. Aus dieser Möglichkeit resultiert ein großes Potenzial zur Reduktion der **T**otal **C**ost of **O**wnership (TCO) von Geschäftsprozessimplementierungen.

Technische Grundlagen

Als technische Grundlage zur Realisierung von Service-orientierten Architekturen dienen standardisierte Protokolle, Verzeichnisdienste und Beschreibungssprachen (vgl. Abbildung 5.26).

Protokolle	Literaturhinweis
• **HTTP** (**H**yper**t**ext **T**ransfer **P**rotocol) bzw. • **HTTPS** (**H**yper**t**ext **T**ransfer **P**rotocol **S**ecure)	• Josuttis (2008), S. 261, S. 358 • Melzer (2010), S. 77 • Schill u.a. (2012), S. 69–70
• **SOAP** (**S**imple **O**bject **A**ccess **P**rotocol oder **S**ervice **O**riented **A**rchitecture Protocol)	• Josuttis (2008), S. 262, S. 268–270, S. 365 • Melzer (2010), S. 63, S. 83–114 • Schill u.a. (2012), S. 73–75
Verzeichnisdienste	**Literaturhinweis**
• **UDDI** (**U**niversal **D**escription, **D**iscovery and **I**ntegration)	• Josuttis (2008), S. 262, S. 270–271, S. 365 • Melzer (2010), S. 63, S. 145–166 • Schill u.a. (2012), S. 69–70

Beschreibungssprachen	Literaturhinweis
• **WSDL** (<u>W</u>eb <u>S</u>ervices <u>D</u>escription <u>L</u>anguage)	• Josuttis (2008), S. 261, S. 262–286, S. 366 • Melzer (2010), S. 63, S. 115–139 • Schill u.a. (2012), S. 69–73
• **XML** (<u>Ex</u>tensible <u>M</u>arkup <u>L</u>anguage)	• Fawcett u.a. (2012) • Josuttis (2008), S. 198–199, S. 367 • Schill u.a. (2012), S. 64–68

Abbildung 5.26   Technische Grundlagen zur Realisierung von Service-orientierten Architekturen

Für die notwendige Integrations- und Transportinfrastruktur einer SOA kommt meist ein **<u>E</u>nterprise <u>S</u>ervice <u>B</u>us (ESB)** zum Einsatz, der wiederum auf dem SOAP-Protokoll basiert (vgl. hierzu erneut Kapitel 5.3.1.2). Dieser kann als regelbasierter Vermittler (Router) zwischen den verteilten Anbietern und Nachfragern von Diensten betrachtet werden. Außerdem übernimmt er Konvertierungs-, Mapping- und Übertragungsfunktionen. Damit ist er eine Art zentraler Middleware für den Nachrichtenaustausch (vgl. hierzu erneut Kapitel 5.3.1.2).

Im Unterschied zu traditionellen Ansätzen ist beim Enterprise Service Bus die Kopplung zwischen den Services gering. So kann beispielsweise ein Nachfrager einen Aufruf an den ESB übermitteln, ohne dass er den exakten (physischen) Ort des Anbieters kennen muss. Da hierfür der ESB zuständig ist, besteht gleichzeitig eine große Flexibilität im Hinblick auf den Austausch einzelner Services. Entscheidend ist lediglich die Tatsache, dass der ESB auch nach einer Veränderung auf der Anbieter-Seite die Informationen und Daten im Sinne einer zentralen Vermittlung jederzeit korrekt weiterleitet.

In Abbildung 5.27 sind die Ziele und Merkmale von SOA noch einmal überblicksartig dargestellt.

Ziele von SOA
1. Realisierung skalierbarer, anpassbarer, erweiterbarer und gegebenenfalls auch herstellerunabhängiger Anwendungen
2. Flexibilität bei Änderungen der Geschäftsprozesse
3. Reduktion der Entwicklungs- und Wartungskosten sowie der Total Cost of Ownership

Merkmale von SOA
1. Modularisierung
2. Lose Kopplung der Komponenten bzw. Services
3. Kombinierbarkeit
4. Austauschbarkeit
5. Wiederverwendbarkeit
6. Wohldefinierte Schnittstellen (Methoden und Parameter/Signaturen)
7. Öffentliche Funktionsbeschreibung
8. Kapselung der konkreten Implementierung des jeweiligen Dienstes („Geheimnis-Prinzip" bzw. „Information Hiding")
9. Größtmögliche Plattform- und Technologieunabhängigkeit durch Nutzung standardisierter Protokolle, Verzeichnisdienste und Beschreibungssprachen
10. Implementierung zusammengesetzter Applikationen („Composite Applications")

Abbildung 5.27   Ziele und Merkmale von SOA

Cloud Computing

Wenn man den grundlegenden Ansatz der Serviceorientierung mit dem (organisatorischen) Konzept des Outsourcing kombiniert, gelangt man zu dem Prinzip des **Cloud Computing** (vgl. hierzu z.B. [Vossen u.a. (2012) und Kapitel 5.3.2.2). Hierunter versteht man die Auslagerung von IT-Aufgaben an externe Dienstleister, die benötigte Funktionen in ihren weltweit verteilten Rechenzentren vorhalten und über das Internet bereitstellen. Im Unterschied zu den „traditionellen" Geschäftsmodellen, bei denen Ressourcen vom Kunden gekauft und vor Ort implementiert werden, eröffnet Cloud Computing die Möglichkeit einer dynamischen Anpassung der verfügbaren Kapazitäten an den vorhandenen Bedarf (**„On Demand"**; vgl. hierzu erneut Kapitel 5.3.1.1 und insbesondere Abbildung 5.12). Zudem erfolgt die Abrechnung der Leistungen üblicherweise rein nutzungsbasiert (**„Pay-as-you-Go"**), so dass anfallende Kosten (mittel- und längerfristig) einen variablen Charakter haben.

Beispiel
*Ein analoges Beispiel aus der Energiewirtschaft ist der **Stromverbrauch durch private und öffentliche Kunden**, die keine eigenen Produktionseinrichtungen vorhalten und somit nur für die tatsächlich bezogenen Wattstunden bezahlen. Die (lokalen, regionalen und nationalen) Energieversorger müssen derweil Nachfrageschwankungen ausgleichen können, indem sie flexibel und schnell geeignete Kapazitätsanpassungen vornehmen.*

So haben sie etwa bei einem Angebotsengpass die Möglichkeit, neben einer intensitätsmäßigen Erweiterung der laufenden Einrichtungen weitere Produktionsanlagen in Betrieb zu nehmen oder auf den entsprechenden Märkten zusätzliche Kontingente einzukaufen. Hingegen kann bei einem Angebotsüberschuss z.B. eine intensitätsmäßige Reduktion der Anlagen bis hin zu deren kompletter Stilllegung oder ein Verkauf der Überschussproduktion an weiter entfernte Kunden erfolgen (zu den Grundlagen der Energiewirtschaft vgl. z.B. [Ströbele u.a. (2012)]).

Cloud Computing ist insbesondere für kleine und mittlere Unternehmen interessant, die sich dadurch auf ihre Kernkompetenzen und die zu ihrer Umsetzung notwendigen Geschäftsabläufe konzentrieren können. Gleichzeitig wird die Gefahr unzureichender Kapazitäten auf den (oder die) jeweiligen Anbieter verlagert. Wegen der positiven Skaleneffekte und der sinkenden Durchschnittskosten infolge einer großen Anzahl von Kunden („Economies of Scale") ist deren ökonomisches Risiko geringer und zudem besser kalkulierbar.

Die verschiedenen Unternehmen offerieren mittlerweile ein breites Spektrum an Lösungen, das von Infrastrukturen über Speicherplatz bis hin zu komplexen Geschäftsanwendungen reicht. Eine aktuelle und ausführliche Marktübersicht zu entsprechenden Anbietern bzw. Produkten findet sich beispielsweise in [IDG (2012 – Cloud Computing)].

Bei der Klassifikation der Leistungen kann man generell zwei Dimensionen unterscheiden:

1. **Möglichkeit des Zugangs** („Liefermodell")
    Das National Institute of Standards and Technology (NIST), eine Bundesbehörde der Vereinigten Staaten, welche dem Handelsministerium (U.S. Department of Commerce) untergeordnet ist, nennt in ihrer Begriffsabgrenzung **vier „Liefermodelle"** (vgl. [NIST (2012), S. 3]): **Private, Public, Hybrid** und **Community** Cloud.

    Während **private Dienste** nur von einem bestimmten Personenkreis (z.B. den Mitarbeiter eines Unternehmens) genutzt werden können, sind **öffentliche Angebote** nach einer entsprechenden Anmeldung und Authentifizierung prinzipiell für jeden Nachfrager zugänglich. **Hybride Dienste** kombinieren Aspekte aus den beiden zuvor genannten Bereichen.

    Nach der Abgrenzung des NIST gibt es noch **Community Services**, die von Nutzern unterschiedlicher Gruppen mit gleichen Anforderungen und Interessen verwendet werden können, z.B. von Forschungseinrichtungen, Hochschulen oder staatlichen Institutionen (vgl. [NIST (2012), S. 3]). Angesichts der Tatsache, dass es sich hierbei ebenfalls um eine geschlossene Gruppe handelt, wird dieser Terminus in den weiteren Ausführungen nicht weiter verwendet.

2. **Art des Service**
    Die Art der Dienstleistung beschreibt den originären **Gegenstand** bzw. die **Funktionen**, die im Rahmen der zuvor genannten Ansätze bereitgestellt werden. Bildlich kann man deren Hierarchie in Form einer Pyramide darstellen, wobei die Nutzung von Services einer übergeordneten Ebene naturgemäß die Verwendung der untergeordneten Stufe(n) mit einschließt (vgl. z.B. [Vossen u.a. (2012), S. 27–30] und Abbildung 5.28).

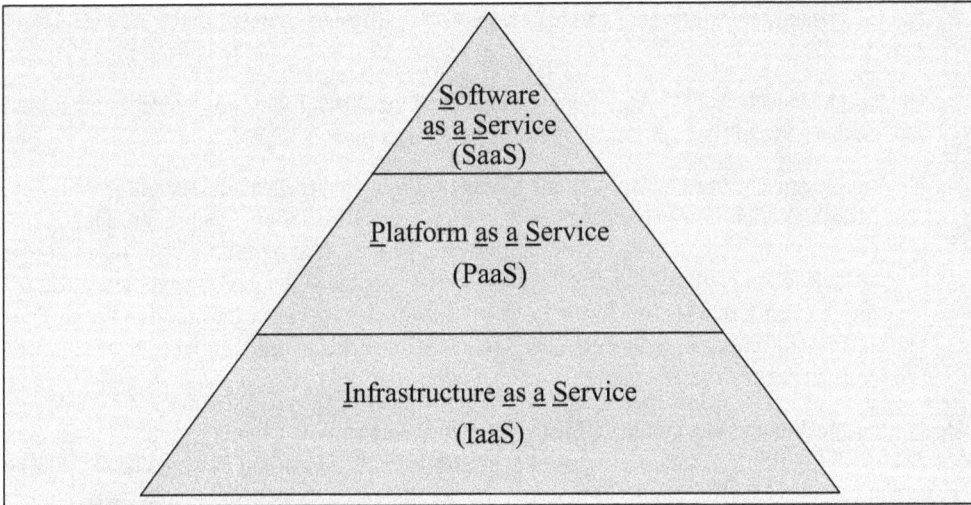

Abbildung 5.28 Cloud Computing-Architektur

1. **Infrastructure as a Service (IaaS)**
   Auf der untersten Ebene werden von dem Anbieter lediglich **virtualisierte Hardware-Komponenten** zur Verfügung gestellt. Dabei kann es sich z.B. um physische Rechner-, Datenspeicher- oder Netzwerkressourcen handeln. Sie bilden die notwendige Grundlage für die Installation und den Betrieb von System- und/oder Anwendungsprogrammen und sind in Abhängigkeit von den spezifischen Anforderungen der Nutzer dynamisch erweiterbar, um Ressourcenengpässe zu vermeiden.

2. **Platform as a Service (PaaS)**
   Die mittlere Stufe bietet **Entwicklungs- und Laufzeitumgebungen** für Kundenapplikationen. Hier können somit individuelle Anwendungen implementiert, installiert und dynamisch konfiguriert werden. Der Kunde hat darüber die vollständige Kontrolle, während die Administration der zugrundeliegenden IT-Infrastruktur von dem Serviceanbieter übernommen wird.

3. **Software as a Service (SaaS)**
   Auf der obersten Hierarchieebene sind die eigentlichen Anwendungen und Funktionen platziert. Sie werden als Dienstleistung bereitgestellt und können beispielsweise unter Verwendung eines Browsers genutzt werden. Typische Beispiele sind CRM- und Office-Anwendungen. Der Nachfrager muss sich weder um die Administration der zugrunde liegenden IT-Infrastruktur noch um die Verwaltung und Wartung der bereitgestellten Funktionen kümmern.

Ein vergleichbarer Ansatz existiert bereits seit mehreren Jahren unter der Bezeichnung „**Application Service Providing (ASP)**" (vgl. hierzu z.B. [Vossen u.a. (2012), S. 16–17]). Allerdings bestehen zu SaaS einige Unterschiede im Hinblick auf die in Kapitel

5.3.1.1 genannten Merkmale „**Skalierbarkeit**", „**Anpassbarkeit**" und „**Erweiterbarkeit**":

- Die klassischen ASP-Angebote sind in der Regel hochgradig adaptierbar und fokussieren demzufolge auf relativ heterogene Zielgruppen.

- Im Gegensatz dazu beinhaltet das Konzept der Software as a Service eingeschränkte Möglichkeiten einer spezifischen Anpassung der offerierten Leistungen. Der Funktionsumfang kann nur bedingt adaptiert und skaliert und damit weniger rasch an die tatsächlichen Bedarfe der Kunden angepasst werden. Gleichwohl existieren die individuellen Optionen im Rahmen des Customizing bzw. der Parametrisierung. Diese Flexibilität entspricht dem „Pay-as-you-Go"-Prinzip und führt bei SaaS tendenziell zu geringeren Kosten.

Wenn man die beiden Merkmale „**Möglichkeit des Zugangs („Liefermodell")**" und „**Art des Service**" kombiniert, gelangt man zu Abbildung 5.29. Darin sind exemplarisch einige Dienste aufgeführt, die ein Unternehmen bei der Realisierung seiner inner- und zwischenbetrieblichen Geschäftsprozesse nutzen kann (vgl. hierzu erneut Kapitel 3.2.1.2).

		Möglichkeit des Zugangs		
		Public Cloud	**Private Cloud**	**Hybrid Cloud**
Art des Service	**SaaS** (Software as a Service)	Software für Geschäftspartner und Stakeholder (Kundenbindung und -neuakquise)	Unternehmensinternes ERP-System	Zwischenbetriebliches SCM-System
	PaaS (Platform as a Service)	Entwicklungsplattform für Open Source-Software	Unternehmensinterne Kooperationsplattform	Entwicklungs- und Kooperationsplattform für Joint Ventures
	IaaS (Infrastructure as a Service)	IT-Infrastruktur für Geschäftspartner	Unternehmensinterne IT-Infrastruktur	IT-Infrastruktur für Joint Ventures

Abbildung 5.29   Beispiele für Cloud-Anwendungen

5.3.2.2 Outsourcing

Allgemeine Aspekte

In den vergangenen Jahren hat die zunehmende Verflechtung der Handels- und Kapitalströme auf nationaler und internationaler Ebene zu einer vermehrte Arbeitsteilung zwischen den Unternehmen geführt. Dabei stellt sich für jede betriebliche Institution die grundsätzliche Frage zwischen **Eigenfertigung** („Make") oder **Fremdbezug** („Buy") von Dienstleistungen und/oder Produkten.

Während bei einer klassischen **Make-or-Buy-Entscheidung** die betreffende Leistung zuvor nicht selbst erstellt wurde, bezeichnet **Outsourcing** die **Auslagerung von einstmals internen Aufgaben an externe Dienstleister**. Hierbei sind prinzipiell zwei Varianten zu unterscheiden, die man weiter differenzieren kann (vgl. Abbildung 5.30).

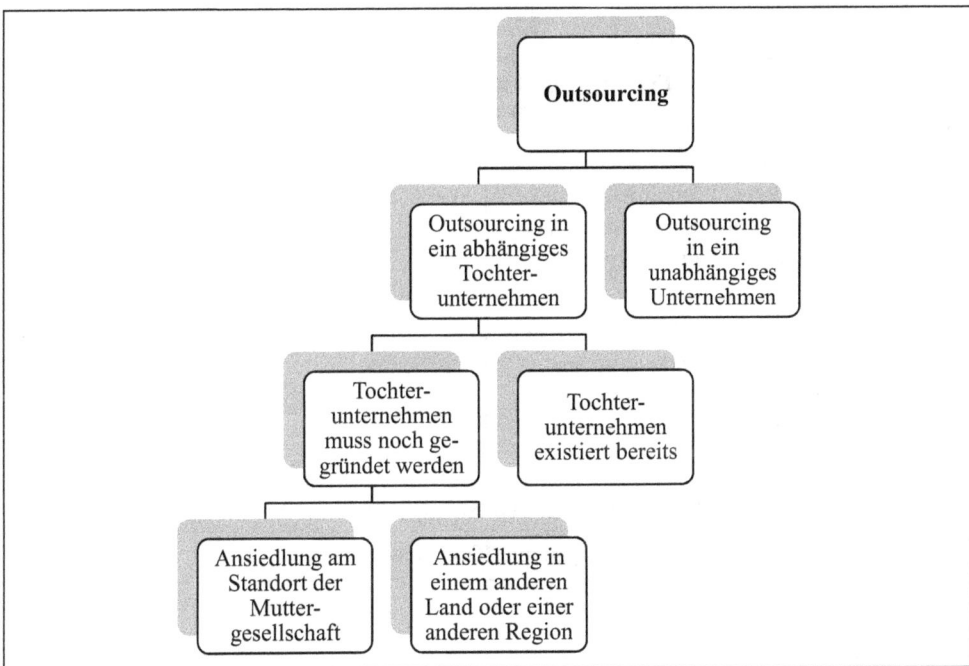

Abbildung 5.30 Outsourcing

Der Ansatz ist ebenso wie die Abwicklung der Geschäftsprozesse oder die Durchführung von (IT-) Projekten kein Selbstzweck. Vielmehr soll hierdurch (kurz- oder langfristig) ein ökonomischer Nutzen in Form eines monetären Gewinns oder eines Wettbewerbsvorteils erreicht werden. In Abbildung 5.31 sind mögliche Gründe für Outsourcing aufgeführt.

Outsourcing in ein abhängiges Unternehmen	Outsourcing in ein unabhängiges Unternehmen
Fachliche und inhaltliche Gründe	
<ul><li>Konzentration der (Mutter-) Gesellschaft auf ihre **Kernkompetenzen**</li><li>**Beseitigung von Kapazitätsengpässen**</li><li>**Komplexitätsreduktion** in der eigenen IT-Landschaft</li><li>**Nutzung von zusätzlichem Know-how**</li></ul>	
<ul><li>**Realisierung schlanker und transparenter Organisationsstrukturen** sowohl in der Muttergesellschaft als auch in dem (neuen) Tochterunternehmen („**Lean Management**")</li></ul>	
Fachliche und inhaltliche Gründe	
<ul><li>**Bündelung von Kompetenzen** aus unterschiedlichen Organisationseinheiten der Muttergesellschaft in einem homogenen Tochterunternehmen (Spezialisierung und Standardisierung)</li><li>**Erhöhung der Flexibilität** (Erschließung neuer Absatzmärkte und Gewinnung neuer Kundengruppen durch die Annahme von Aufträgen dritter Partner durch das (neue) Tochterunternehmen)</li></ul>	
Finanzielle und wirtschaftliche Gründe	
<ul><li>Allgemeine **Kostenreduktion**</li></ul>	
<ul><li>**Steigerung der Wirtschaftlichkeit** (Realisierung effizienter Geschäftsprozesse)</li><li>**Nutzung von Größendegressions- und Skaleneffekten** (vgl. hierzu den Punkt „Generierung zusätzlicher Umsätze" in dieser Auflistung)</li><li>**Reduktion der Personalkosten** durch die Anwendung günstigerer Tarifverträge (siehe hierzu auch die rechtlichen Gründe unten)</li></ul>	

Outsourcing in ein abhängiges Unternehmen	Outsourcing in ein unabhängiges Unternehmen
• **Senkung der Personalkosten** durch ein geringeres Lohnniveau am Standort des neuen Tochterunternehmens • **Generierung zusätzlicher Umsätze** durch die Erschließung neuer Absatzmärkte und die Gewinnung neuer Kundengruppen	
Finanzielle und wirtschaftliche Gründe	
• Möglichkeit der **Erlangung von Subventionen und Zuschüssen** (z.B. bei Ansiedlung des neuen Tochterunternehmens in einem Land oder einer Region, welche von den zuständigen staatlichen Institutionen finanziell gefördert werden) • **Realisierung von Steuervorteilen** durch die Gesellschaftsform des neuen Tochterunternehmens	
Rechtliche Gründe	
• **Risikoreduktion** durch Auslagerung bestimmter Aufgaben in ein neues Tochterunternehmen (z.B. im Hinblick auf mögliche Schadenersatzansprüche von Kunden) • Gültigkeit bzw. Anwendung günstigerer **Rechtsvorschriften** (z.B. arbeitsrechtliche Bestimmungen bei Kündigungen oder den betrieblichen Mitspracherechten der Arbeitnehmerseite)	

Abbildung 5.31 Gründe für Outsourcing in ein abhängiges oder unabhängiges Unternehmen

1. Outsourcing in ein abhängiges Tochterunternehmen

In diesem Fall werden bestimmte Aufgaben in einem separaten Tochterunternehmen gebündelt, das zwar rechtlich selbständig, aber wirtschaftlich von der Muttergesellschaft abhängig ist und somit von dieser kontrolliert wird. Ein Beispiel hierfür ist ein IT-Dienstleistungsunternehmen, das sich zu 100 Prozent im Besitz der übergeordneten Gesellschaft befindet und dessen Mitarbeiter – zum Teil – früher Angestellte der Muttergesellschaft waren.

Beispiel

*Der Bayer-Konzern, ein weltweit tätiges Unternehmen der chemischen und pharmazeutischen Industrie, umfasst 283 Gesellschaften mit insgesamt 111.800 Mitarbeitern (Stand: 2011-12-31; vgl. [Bayer AG (2012)]). Seit 2002 wurde die IT- und Geschäftsprozess-Kompetenz in der **Bayer Business Services GmbH (BBS)** zusammengeführt. Deren Service-Portfolio reicht von klassischen IT-Services wie etwa Infrastrukturbetrieb, Systemintegration und Anwendungsentwicklung bis hin zu integrierten Lösungen in den Bereichen „Logistik", „Personal und Management" sowie „Finanz- und Rechnungswesen".*

Als globales und spezialisiertes Kompetenz-Zentrum besteht die Aufgabe der BBS darin, kaufmännische und wissenschaftliche Geschäftsprozesse für Bayer zu unterstützen, zu verbessern oder eigenständig zu übernehmen. Hierdurch werden die übrigen Gesellschaften des Konzerns von IT-Aufgaben entlastet, die nicht zu ihrem Kerngeschäft gehören und können sich vielmehr auf ihre jeweiligen Zuständigkeiten konzentrieren (vgl. [BBS GmbH (2012)]).

Wenn das Tochterunternehmen nicht am Standort der Muttergesellschaft oder zumindest im gleichen Land, sondern in einer weiter entfernten Region angesiedelt werden soll, ergeben sich zusätzliche Aspekte, die es zu berücksichtigen gilt. Die entsprechenden Determinanten können jedoch von einem Unternehmen oftmals nicht oder nur teilweise beeinflusst werden. Aus diesem Grund ist es zweckmäßig, die möglichen Faktoren zu systematisieren und vor einer Entscheidung über die Auslagerung von Produktions- oder Verwaltungsprozessen eine vergleichende Bewertung der verschiedenen Alternativen vorzunehmen.

In Abbildung 5.32 sind potenzielle Determinanten genannt. Dabei kann einerseits zwischen kurz- und langfristigen Aspekten sowie andererseits zwischen quantitativen und qualitativen Kriterien differenziert werden.

	Kurzfristige Aspekte	**Langfristige Aspekte**
Quantitative Kriterien	• Marktvolumen • Marktpotenzial	
	• Preise für die zu beschaffenden Produktionsfaktoren (Dienstleistungen, Produkte und (Human-) Kapital)	• Geldwertstabilität (Preisentwicklung)

	Kurzfristige Aspekte	Langfristige Aspekte
	• Höhe der Abgaben, Steuern und Subventionen • Entfernung zu den Beschaffungs- und Absatzmärkten	• (Voraussichtliche) Veränderungen bei den Abgaben, Steuern und Subventionen
Qualitative Kriterien	• Kultureller Hintergrund (z.B. Geschichte, Mentalität, Religion) • Politische Rahmenbedingungen (z.B. Stabilität des politischen Systems, Gefahr von Kinderarbeit, Wahrung der Menschenrechte) • Gesetzliche und rechtliche Rahmenbedingungen (z.B. Kriminalitätsrate, Rechtssicherheit) • Wirtschaftliche Rahmenbedingungen (z.B. Infrastruktur, Entwicklung der Abgaben, Steuern und Subventionen, Stärke und Verhandlungsmacht der Gewerkschaften) • Ökologische Rahmenbedingungen (z.B. Nachhaltigkeit, Umweltschutz)	
		• Geographische Lage (z.B. Verkehrsanbindung, Gefahr von Naturkatastrophen) • Klimabedingungen • Entwicklung der natürlichen Ressourcen (z.B. Rohstoffe, Wasservorräte) • Zugang zu Absatz- und Beschaffungsmärkten • Zuverlässigkeit des abhängigen Unternehmens

Abbildung 5.32   Outsourcing in ein abhängiges Unternehmen

2. Outsourcing in ein unabhängiges Unternehmen

Wenn man bestimmte Aufgaben nicht an eine (gegebenenfalls erst noch zu gründende) Gesellschaft innerhalb der eigenen Unternehmensgruppe, sondern an einen externen

Dienstleister übertragen will, so ist hierfür ein geeigneter Partner zu ermitteln. Der entsprechende Auswahlprozess läuft dabei prinzipiell genauso ab wie bei der Festlegung einer Software für die Geschäftsprozess-Modellierung oder bei der Auswahl eines ERP- oder SCM-Systems (vgl. hierzu erneut Kapitel 3.2.2.1 und darin insbesondere Abbildung 3.6 sowie Kapitel 5.3.1.1).

Allerdings sind hierbei weitere Kriterien im Hinblick auf den potentiellen Auftragnehmer zu berücksichtigen, da man von diesem kein (einmaliges) materielles Produkt, sondern eine (dauerhafte) immaterielle Dienstleistung erwirbt (vgl. Abbildung 5.33).

	Fachliche und inhaltliche Aspekte
Quantitative Kriterien	• Allgemeine Position des Auftragnehmers im Markt (z.B. Marktanteil)
	Finanzielle und wirtschaftliche Aspekte
	• Einmalige und laufende Kosten • Kurz- und langfristige Kosten
	Rechtliche Aspekte
	• Finanzielle Konditionen (z.B. Konventionalstrafen bei Nicht-Erbringung einer vereinbarten bzw. vertraglich zugesicherten Leistung, Rabatte)
Qualitative Kriterien	**Fachliche und inhaltliche Aspekte**
	• Allgemeines Ansehen und Image des Auftragnehmers im Markt (z.B. Bekanntheitsgrad, Erreichbarkeit in kritischen Situationen, Kooperationsbereitschaft und -verhalten, Berücksichtigung spezieller Kundenwünsche, Arbeitsklima und Mitarbeiterfluktuation) • Allgemein vorhandenes Know-how • Vorhandenes Wissen bezüglich der speziellen (Branchen-) Anforderungen des Auftraggebers • Nachweis von Zertifizierungen (z.B. ISO 9000 ff. zum Qualitätsmanagement) • Erfahrungen in dem zu beauftragenden Bereich (Referenzen) • Technologische Kompetenz und Leistungsfähigkeit (Bereitgestellte Hard- und Software) • Qualität der erbrachten bzw. zu erbringenden Leistungen

Qualitative Kriterien	**Finanzielle und wirtschaftliche Aspekte**
	• Investitionssicherheit („Überlebenswahrscheinlichkeit" des Auftragnehmers im Markt)
	Rechtliche Aspekte
	• Allgemeine Geschäftsbedingungen (AGB)
	• Spezielle Vertragsbedingungen
	• Ausgestaltung der Service Level Agreements (vgl. hierzu erneut die Ausführungen zu ITIL® in Kapitel 5.2.4 sowie die konkretisierenden Erläuterungen unten)

Abbildung 5.33   Outsourcing in ein unabhängiges Unternehmen

Um letztlich eine betriebswirtschaftlich fundierte Aussage treffen zu können, sind alle Kriterien quantitativer und qualitativer Art in das Entscheidungsmodell einzubeziehen, wobei die qualitativen Merkmale in geeigneter Form quantifiziert werden müssen. Dies kann beispielsweise auf der Grundlage einer Nutzwertanalyse bzw. eines Punktbewertungsverfahrens („**Scoring-Modell**") erfolgen (vgl. hierzu z.B. [Amberg u.a. (2011), S. 21–23]).

Vor- und Nachteile von Outsourcing

Als wesentliche Vorteile einer Auslagerung betrieblicher Aufgaben in (abhängige oder unabhängige) Unternehmen ist die mögliche **Realisierung der in Abbildung 5.31 aufgeführten Gründe** zu nennen. Dem stehen als Nachteile die in Abbildung 5.34 genannten Punkte gegenüber.

Outsourcing in ein abhängiges Unternehmen	**Outsourcing in ein unabhängiges Unternehmen**
• Erhöhter **Koordinations-, Kommunikations- und Verwaltungsaufwand** • **Kompetenzverlust** im eigenen Unternehmen	
• Komplexität der innerbetrieblichen **Leistungsverrechnung** bei Fakturierung der erbrachten Dienstleistungen	• Gefahr einer (langfristigen) **Abhängigkeit** von dem gewählten Dienstleister
• **Fehleinschätzung** der in Abbildung 5.33 genannten Aspekte, wenn das Unternehmen in einem anderen Land oder einer anderen Region angesiedelt wird	• Gefahr einer **Quasi-Monopolposition** (des beauftragten Dienstleisters) bei einer unzureichenden Ausgestaltung der vertraglichen Grundlagen und hohen Wechselbarrieren mangels Alterna-

Outsourcing in ein abhängiges Unternehmen	Outsourcing in ein unabhängiges Unternehmen
	tiven (dies kann letztlich dazu führen, dass der Auftragnehmer die Preise zu seinen Gunsten verändert)
• In der Folge dieser Fehleinschätzung eventuell **Nicht-Realisierung** der in Abbildung 5.31 aufgeführten Nutzeffekte	

Abbildung 5.34   Nachteile von Outsourcing

Service Level Agreements

Bei der Auslagerung betrieblicher Aufgaben ist grundsätzlich festzulegen, welche **Leistungen** an welchem **Ort** zu welcher **Zeit** mit welcher **Geschwindigkeit** in welcher **Qualität** und zu welchen **Kosten** von dem beauftragten Dienstleister erbracht werden müssen. Dies gilt für das Outsourcing in ein abhängiges wie auch in ein unabhängiges Unternehmen gleichermaßen. In Analogie zu den vier bzw. sechs „R" der Logistik (Richtiges Produkt, richtige Menge, richtiger Zustand, richtiger Ort, richtige Zeit, richtige Kosten) könnte man somit von den sechs „W" der Dienstleistung sprechen (vgl. hierzu [Pfohl (2009), S. 12]).

Die entsprechenden Vereinbarungen sind in den allgemeinen Geschäftsbedingungen des Auftragnehmers sowie speziellen Absprachen und Konditionen zwischen den Parteien bei Abschluss des Vertrages geregelt. Ihre konkrete Ausgestaltung finden sie in den **Service Level Agreements**. Dabei handelt es ich um verlässliche **Dienstleistungsvereinbarungen** zur Planung, Steuerung und Kontrolle der verschiedenen Service-Prozesse (vgl. Abbildung 5.35).

Fachliche und inhaltliche Aspekte
• Aufbau- und ablauforganisatorische Rahmenbedingungen
• Art, Umfang und Qualität der zu erbringenden Leistungen
• Termine und (Reaktions-) Zeiten
• Archivierung und Dokumentation der Leistungen (Wissenstransfer zum Auftraggeber)
• Kontrolle der Leistungserfüllung (z.B. anhand von Kennzahlen)
Finanzielle und wirtschaftliche Aspekte
• Kosten für die Leistungen (Fixer Betrag („Flatrate") oder variable Kostensätze differenziert nach Art, Umfang, Qualität und zeitlichem Aufwand)

Rechtliche Aspekte
• Allgemeine Geschäftsbedingungen
• Spezielle Absprachen und Konditionen (z.B. Gerichtsstand, Patente)
• Gewährleistung und Konsequenzen bei Nicht-Erfüllung der fachlichen und inhaltlichen Aspekte (z.B. Konventionalstrafen, Schadenersatz)
• Vertragslaufzeit, Kündigungsfristen und Ausstiegsklauseln (z.B. Sonderkündigungsrechte)

Abbildung 5.35   Gegenstand von Service Level Agreements

Eine ausführliche Darstellung und weitere Entscheidungskriterien zur Bewertung und Auswahl von Alternativen bei Outsourcing-Projekten findet sich in Form von Checklisten für Länder und Lieferanten z.B. in [Ebert (2006), S. 15–74)].

Managed Services

Wenn man die in Abbildung 5.12 aufgeführten Merkmale und Ausprägungen zur Klassifikation von ERP-Systemen im Hinblick auf den Ort der Implementierung und die Art des Vertrags mit dem Konzept des Outsourcing kombiniert, erhält man Abbildung 5.36. Darin sind die möglichen Optionen der Beschaffung und Bereitstellung sowie der Administration und Nutzung einer (Standard-) Software noch einmal überblicksartig dargestellt.

In den vergangenen Ausführungen wurde implizit angenommen, dass Outsourcing eine Leistungserstellung am Ort des Auftragnehmers beinhaltet. Diese kann jedoch als **Managed Services** auch in der Lokation des Auftraggebers erfolgen, z.B. im Rahmen der Unterstützung eines Unternehmens durch externe Mitarbeiter (vgl. Abbildung 5.36):

1. **On Premise** (Quadrant I)
   Beim klassischen On Premise-Ansatz wird die Software von dem gewünschten Anbieter gekauft und am Standort des Kunden auf dessen Hardware implementiert. Den eigentlichen Betrieb und die Wartung übernehmen externe und/oder interne Mitarbeiter.

2. **Appliance** (Quadrant II)
   Im Unterschied zu der ersten Variante sieht das Appliance-Modell nur eine Miete der Anwendung bei ansonsten gleichen Rahmenbedingungen vor.

		Art des Vertrags	
		Kauf	**Miete**
Ort der Implementierung	**Beim Kunden**	**I:** On Premise (BWI oder BWE)	**II:** Appliance (BWI oder BWE)
	Beim Anbieter oder einem Service-Partner	**III:** Hosting (BWI oder BWE)	**IV:** On Demand (BWE)
Legende:	BWI	Betrieb und Wartung durch interne Mitarbeiter	
	BWE	Betrieb und Wartung durch externe Mitarbeiter	

Abbildung 5.36 Geschäftsmodelle (vgl. hierzu erneut Kapitel 5.3.1.1)

3. **Hosting** (Quadrant III)
   Ebenso wie bei On Premise wird die Software beim Hosting käuflich erworben, allerdings findet die Implementierung bei dem originären Anbieter oder einem Service-Partner statt. Für den Betrieb und die Wartung sind wiederum externe und/oder interne Mitarbeiter zuständig. Sofern hierfür lediglich unternehmenseigene Personalressourcen eingesetzt werden, gelangt man im Kontext von Cloud Computing zur Bereitstellung einer **Platform as a Service** (vgl. Kapitel 5.3.2.1 und insbesondere Abbildung 5.28).

4. **On Demand** (Quadrant IV)
   Das On Demand-Modell ist der weitreichendste Ansatz beim Outsourcing von betrieblichen Anwendungen. Es entspricht dem **Software as a Service**-Konzept und beinhaltet sowohl die Installation der Software am Partnerstandort als auch deren nutzungsabhängige Miete (vgl. Kapitel 5.3.2.1 und insbesondere Abbildung 5.28). Naturgemäß übernimmt alleine der Anbieter den Betrieb und die Wartung der Applikationen, während der Kunde nur im Rahmen des abgeschlossenen Vertrages darauf Einfluss nehmen kann.

6   Ausblick

6.1   Übersicht

Die gesellschaftlichen und technologischen Entwicklungen der vergangenen Jahre haben auch für Industrieunternehmen gravierende Folgen:

- Einerseits führt die zunehmende **Globalisierung** zu verschärften Wettbewerbsbedingungen im In- und Ausland, einem steigenden Kostendruck sowie hohen Innovationsraten und kurzen Innovationszyklen.

- Andererseits zwingen der stetig wachsende **IT-Einsatz** der Kunden jedes Unternehmen, seine bestehenden Geschäftsprozesse kritisch zu analysieren und gegebenenfalls zu optimieren.

Aus diesen beiden Tendenzen resultiert die Notwendigkeit, betriebliche Abläufe nicht mehr nur auf lokaler oder regionaler Ebene zu betrachten, sondern vielmehr eine nationale und internationale bzw. globale Perspektive einzunehmen. Dies gilt für ein Unternehmen in der **Position des Anbieters** von materiellen Produkten und immateriellen Dienstleistungen ebenso wie in der **Rolle des Nachfragers**.

6.2   Globale Geschäftsprozesse

In Kapitel 3.2.1.2 wurde auf die wachsende Reichweite der Versorgungsketten- und -netze sowie ihre zunehmende Verknüpfung hingewiesen (vgl. hierzu erneut [Sourcemap (2012)]). Bei deren Konzeption und Realisierung im Rahmen einer Integrierten Informationsverarbeitung sind prinzipiell die gleichen Methoden und Modelle einsetzbar wie bei der Gestaltung von lokalen oder regionalen Geschäftsprozessen (vgl. hierzu erneut Kapitel drei). Allerdings verlangt eine grenzüberschreitende Implementierung die **Berücksichtigung der rechtlichen und technologischen Besonderheiten** der involvierten Regionen (vgl. in diesem Zusammenhang erneut Abbildung 5.32). Hierbei kann zwischen internationalen und nationalen sowie regionalen **Gesetzen, Verordnungen und Richtlinien** unterschieden werden (vgl. Abbildung 6.1).

Nr.	Bereiche eines Industrieunternehmens	Gesetze, Verordnungen und Richtlinien (Geltungsbereich)		
		International (I)	National (N)/ Regional (R)	Keine (K)
	Funktions- und Prozess-übergreifende Bereiche			
1	**Allgemein**: Gesetze, Verordnungen und Richtlinien des öffentlichen Rechts (z.B. im Hinblick auf den betrieblichen *Arbeits- und Umweltschutz*)	I	N/R	
2	**Produkt-Lebenszyklus-Management**: (Industrie-) *Normen; Abfallrecht*	I	N/R	
3	**Kundenbeziehungs-Management**: *Datenschutzrecht*	I	N/R	
4	**Lieferketten-Management**: *Gefahrgutrecht* (Beförderung und transportbedingte Zwischenlagerung von gefährlichen Produkten)	I	N/R	
	Funktionen und Prozesse in den Bereichen (Sektoren) eines Industrieunternehmens			
5	Sektor „**Forschung sowie Produkt- und Prozessentwicklung**": Vgl. Nr. *2; Richtlinien zur Qualitätssicherung der Produktionsabläufe und -umgebung* in der Produktion von Arzneimitteln und Wirkstoffen sowie bei Kosmetika, Lebens- und Futtermitteln (vgl. hierzu erneut Kapitel 2.2.2.2)	I	N/R	
6	**Vertriebssektor**: *Handelsrecht; Wettbewerbsrecht*		N/R	
7	**Beschaffungssektor**: Vgl. Nr. *4* und *5; Handelsrecht*		N/R	
8	**Lagerhaltungssektor**: Vgl. Nr. *2, 4* und *16*		N/R	
9	**Produktionssektor**: Vgl. Nr. *4* und *5*	I	N/R	
10	**Versandsektor**: Vgl. Nr. *4*	I	N/R	
11	**Kundendienstsektor**: Vgl. Nr. *3* und *6*	I	N/R	
12	**Finanzsektor**: *Steuerrecht*	I	N/R	

Nr.	Bereiche eines Industrieunternehmens	Gesetze, Verordnungen und Richtlinien (Geltungsbereich)		
		International (I)	National (N)/ Regional (R)	Keine (K)
13	Sektor „**Rechnungswesen**" (**Externes Rechnungswesen bzw. Finanzbuchhaltung**): Vgl. Nr. *12*; *Bilanzrecht*; *Handelsrecht*	I	N/R	
14	Sektor „**Rechnungswesen**" (**Internes Rechnungswesen bzw. Kosten- und Leistungsrechnung**)			K
15	**Personalsektor**: *Arbeits- und Betriebsverfassungsrecht*; *Einkommensteuerrecht*; *Sozialversicherungsrecht* (z.B. Kranken-, Pflege-, Renten- und Unfallversicherung)	I	N/R	
16	Sektor „**Anlagenmanagement**": (Privates) *Baurecht*; *Hygienevorschriften* (z.B. in der Kantine)		N/R	

Abbildung 6.1 Beispiele für die Beachtung von internationalen und nationalen/regionalen Vorschriften bei der Gestaltung von globalen Geschäftsprozessen (Eigene Darstellung unter Verwendung der Bereiche (Sektoren) eines Industrieunternehmens von [Mertens (2009)])

Beispiel
*Ein Bereich, in welchem es länderübergreifende Regelungen gibt, ist die **Beförderung und transportbedingte Zwischenlagerung von gefährlichen Produkten** (vgl. Nr. 4 in Abbildung 6.1). Das entsprechende Gefahrgutrecht beinhaltet sämtliche nationalen und internationalen Regelungen des Verkehrsrechts. Ihre allgemeine Grundlage sind die UN Recommendations on the Transport of Dangerous Goods – Model Regulations (Twelfth Revised Edition), welche von den Vereinten Nationen (United Nations (UN)) bzw. der United Nations Economic Commission for Europe (UNECE) herausgegeben werden (vgl. [United Nations (2012)]). Sie bilden die Basis für nationale Gesetze, Verordnungen und zwischenstaatliche Abkommen.*

Die Realisierung globaler Unternehmensprozesse erfordert demnach einen effizienten Kompromiss zwischen der Vorgabe zentraler Standards und der Möglichkeit länderspezifischer Anpassungen (vgl. hierzu erneut Kapitel 5.2.3). In betriebswirtschaftlichen Standardsoftwaresystemen kann dies beispielsweise unter Verwendung der in Kapitel 5.3.1.1 skizzierten Geschäftsvorlagen bzw. Business Templates erreicht werden. Hierdurch ist eine Harmonisierung und Konsolidierung der verschiedenen Prozesse bei gleichzeitiger Reduktion des monetären und zeitlichen Einführungsaufwands möglich (vgl. hierzu beispielsweise erneut [IDG (2007)]).

6.3   Virtuelle Unternehmen

Es ist für den Nachfrager eines materiellen Produktes oder einer immateriellen Dienstleistung normalerweise irrelevant, wie die innerbetrieblichen **Elemente und Strukturen** sowie **Funktionen und Prozesse** der Institution beschaffen sind, von welcher er die Güter bezieht. Vielmehr interessieren die eigentliche Leistung mit ihren quantitativen und qualitativen Eigenschaften, die benötigte Zeit bis zu ihrer Bereitstellung durch den Anbieter sowie der hierfür notwendige Informationsprozess. Für letzteren sollte es eine zentrale Instanz geben, über welche die bilaterale Kommunikation abläuft, z.B. im Falle von An- oder Rückfragen sowie von Reklamationen (vgl. hierzu erneut den in Kapitel 3.2.3.1 genannten „**Grundsatz der Kundenorientierung**" bei der Optimierung von Geschäftsprozessen).

Aus der Perspektive eines (externen) Kunden ist ein Unternehmen demnach eine „**Black Box**", von der lediglich die Schnittstellen zu ihrem sozio-ökonomischen Umfeld bekannt sind. Gleichzeitig erfordern die in Kapitel 6.1 genannten Folgen der Globalisierung intern eine **effiziente Gestaltung der betrieblichen Geschäftsprozesse**, um die Anforderungen der Kunden auch langfristig erfüllen und damit die Existenz des Unternehmens sicherstellen zu können.

Diese Betrachtung führte bereits Anfang der 1990er Jahre zu dem Konzept der **Virtuellen Unternehmen** (VU; vgl. [Davidow u.a. (1992)] und zur Vertiefung [Heilmann u.a. (2005)]). Allerdings existiert in der wissenschaftlichen Fachliteratur bislang **keine allgemein anerkannte Definition**, so dass man den Terminus vielfältig abgrenzen und interpretieren kann. Die wesentlichen Gemeinsamkeiten und Unterschiede zwischen einem „realen Unternehmen" und einer VU sind in Abbildung 6.2 anhand der Ausprägungen einiger konstitutiver Merkmale überblicksartig dargestellt.

Merkmal	Reales Unternehmen	Virtuelles Unternehmen
	Gemeinsamkeiten	
Autonomieprinzip (Das Unternehmen kann frei entscheiden, was in welchen Mengen zu welchem Preis an wen verkauft werden soll (vgl. [Wöhe u.a. (2010), S. 382]).)	Ja	Ja

Merkmal	Reales Unternehmen	Virtuelles Unternehmen
Erwerbswirtschaftliches Prinzip (Streben nach (langfristiger) Gewinnmaximierung; vgl. [Wöhe u.a. (2010), S. 29–30], [Wöhe u.a. (2010), S. 382])	Ja	Ja
Prinzip des Privateigentums (vgl. [Wöhe u.a. (2010), S. 382])	Ja	Ja
Art des Leistungsangebots	• Materielle Produkte und/oder • immaterielle Dienstleistungen	• Materielle Produkte und/oder • immaterielle Dienstleistungen
Räumliche bzw. geographische Ausdehnung	• Regional oder • national oder • international	• Regional oder • national oder • international
Ablauforganisation (Funktionen und Prozesse)	• Zwischen den beteiligten (internen) Institutionen (oftmals) abgestimmt	• Zwischen den beteiligten Institutionen (zwangsläufig) abgestimmt
	Unterschiede	
Juristische Rahmenbedingungen (Rechtsform)	• Eine Institution oder ein **Verbund rechtlich zusammengehöriger Institutionen** mit (möglicherweise) unterschiedlichen Rechtsformen, z.B.	• **Zusammenschluss unabhängiger Einrichtungen zu einem gemeinsamen (Projekt-) Verbund**, wobei die beteiligten Institutionen unterschiedliche Rechtsformen aufweisen können, z.B.

Merkmal	Reales Unternehmen	Virtuelles Unternehmen
Juristische Rahmenbedingungen (Rechtsform)	• Einzelunternehmen (z.B. Freiberufler) • Personengesellschaft (z.B. Gesellschaft des bürgerlichen Rechts (**GbR**), Kommanditgesellschaft (**GmbH & Co. KG**)) • Kapitalgesellschaft (z.B. Aktiengesellschaft (**AG**), Gesellschaft mit beschränkter Haftung (**GmbH**))	• Einzelunternehmen (z.B. Freiberufler) • Personengesellschaft (z.B. Gesellschaft des bürgerlichen Rechts (**GbR**), Kommanditgesellschaft (**GmbH & Co. KG**)) • Kapitalgesellschaft (z.B. Aktiengesellschaft (**AG**), Gesellschaft mit beschränkter Haftung (**GmbH**))
Abhängigkeit zwischen den beteiligten Institutionen	• Rechtliche und/oder • wirtschaftliche Abhängigkeit	• Keine oder nur wirtschaftliche Abhängigkeit
Physische(r) Standort(e)	• Für externe Stakeholder („Anspruchsgruppen") genau zu erkennen	• Für externe Stakeholder („Anspruchsgruppen") nicht (genau) zu erkennen
Strukturelle Grenzen	• Starr	• Flexibel
Aufbauorganisation (Elemente und Strukturen)	• Zwischen den beteiligten (internen) Institutionen oftmals abgestimmt (z.B. Niederlassungen und Werke)	• Zwischen den beteiligten Institutionen nicht abgestimmt und daher möglicherweise uneinheitlich (z.B. Niederlassungen und Werke)

Abbildung 6.2   Gemeinsamkeiten und Unterschiede zwischen „realen" und „virtuellen" Unternehmen

Wie virtuell ein Unternehmen auch sein mag, so erwarten die Kunden letztlich doch eine reale Leistung. Daher kommt der **Informations- und Kommunikationstechnologie** bei dessen Realisierung eine zentrale Bedeutung zu, um die notwendige **Koordination** im Rahmen der Ablauforganisation und die eigentliche **Leistungserstellung** zu gewährleisten.

Beispiel
*Ein Beispiel für den (temporären) Zusammenschluss unabhängiger Individuen zur Abstimmung ähnlicher Interessen oder zur Verfolgung eines gemeinsamen Ziels sind **Soziale Netzwerke**. Die gleichermaßen lose Verbindung und das Fehlen starrer Strukturen ermöglichen*

eine Flexibilität, die im Unterschied zu komplexen Einrichtungen kurzfristige Reaktionen auf unvorhergesehene Ereignisse zulässt. Hierdurch können Zeitverluste bei der Koordination vermieden und (Transaktions-) Kosten eingespart werden.

Derartige Entwicklungen haben nicht nur auf Einfluss auf die zukünftige Art der Arbeitsteilung zwischen autonomen und abhängigen Unternehmen, sondern ebenso auf deren gesellschaftliches und politisches Umfeld und damit wiederum auf die Beschaffungs- und Absatzmärkte (vgl. hierzu z.B. [Back u.a. (2012), S. 13–100]).

Infolge der anhaltenden Globalisierung und der zunehmenden Dynamik wird der ökonomische Druck auf die Unternehmen voraussichtlich weiter steigen. Vor diesem Hintergrund ist neben einem kundenorientierten Leistungsangebot ein **effizientes Geschäftsprozessmanagement mit dem Ziel einer kontinuierlichen Anpassung und Verbesserung** der zentrale Ansatz, um langfristig im Wettbewerb bestehen zu können. Hierfür bedarf es einer kritischen Modellierung, Analyse und Optimierung der betrieblichen Abläufe.

Nach der Darwin'schen **Evolutionstheorie** haben in einer veränderlichen Umwelt die jeweils am besten angepassten Individuen die höchste Überlebenswahrscheinlichkeit. In einem weiteren Sinn kann man dieses Grundprinzip des „**Survival oft he Fittest**" auf Unternehmen als sozio-ökonomische Systeme übertragen. Danach ist eine rechtzeitige und sinnvolle Reaktion auf Veränderungen ein entscheidender Erfolgsfaktor.

We can only see a short distance ahead, but we can see plenty there that needs to be done.
Alan Turing (1912–1954)

Pour ce qui est de l'avenir, il ne s'agit pas de le prévoir, mais de le rendre possible.
Antoine de Saint-Exupéry (1900–1944)

Literaturverzeichnis

Allweyer (2009)

> Allweyer, Thomas (2009): BPMN 2.0. Business Process Model and Notation. Einführung in den Standard für die Geschäftsprozessmodellierung. 2. Auflage. Books on Demand, Norderstedt.

Amberg u.a. (2011)

> Amberg, Michael; Bodendorf, Freimut; Möslein, Kathrin M. (2011): Wertschöpfungsorientierte Wirtschaftsinformatik. Springer, Berlin u.a.

Appelfeller u.a. (2011)

> Appelfeller, Wieland; Buchholz, Wolfgang (2011): Supplier Relationship Management. Strategie, Organisation und IT des modernen Beschaffungsmanagements. 2. Auflage. Gabler, Wiesbaden.

Back u.a. (2012)

> Back, Andrea; Gronau, Norbert; Tochtermann, Klaus (2012): Web 2.0 und Social Media in der Unternehmenspraxis. Grundlagen, Anwendungen und Methoden mit zahlreichen Fallstudien. 3. Auflage. Oldenbourg, München.

Barth u.a. (2012)

> Barth, Thomas; Schüll, Anke (Hrsg.; 2012): Grid Computing. Konzepte – Technologien – Anwendungen. Vieweg, Wiesbaden.

Bayer (2011)

> Bayer, Martin (2011): SAP Hausmesse Sapphire. SAP baut eigenen Appstore.
> http://www.computerwoche.de/software/erp/2499744/
> IDG Business Media GmbH (Hrsg.).
> Beitrag vom 2011-11-10. Abruf am 2012-06-02.

Bayer AG (2012)

> Bayer AG (Hrsg.; 2012): Bayer: Science for a better life.
> http://www.bayer.de/ (und untergeordnete Seiten).
> Abruf am 2012-09-29.

BBE GmbH (2012 – Überblick)

Flughafen Berlin Brandenburg GmbH (Hrsg.; 2012): Flughafen Berlin Brandenburg im Überblick.
http://www.berlin-airport.de/DE/BER/DerNeueFlughafen/Airport_BER_Ueberblick.html
Abruf am 2012-04-18.

BBE GmbH (2012 – Zeitplan)

Flughafen Berlin Brandenburg GmbH (Hrsg.; 2012): Zeitplan.
http://www.berlin-airport.de/DE/BER/DerNeueFlughafen/Zeitplan/index.html
Abruf am 2012-04-18.

BBS GmbH (2012)

Bayer Business Services GmbH (Hrsg.; 2012): Globaler Service für Geschäftskunden.
http://www.bayerbbs.de/de/home/index.php (und untergeordnete Seiten).
Abruf am 2012-09-29.

Bechtle AG (2012)

Bechtle AG (Hrsg.; 2012): Unternehmen.
http://www.bechtle.com/unternehmen/ bzw.
http://www.bechtle.com/unternehmen/ueber-bechtle/struktur/
Abruf am 2012-05-15.

Becker u.a. (1995)

Becker, Jörg; Rosemann, Michael; Zimmermann, Volker (1995): Grundsätze ordnungsgemäßer Modellierung. WIRTSCHAFTSINFORMATIK 1995 (5): S. 435–445. Gabler, Wiesbaden.

Becker u.a. (2009)

Becker, Jörg; Mathas, Christoph; Winkelmann, Axel (2009): Geschäftsprozessmanagement. Springer, Berlin u.a.

Benz u.a. (2011)

Benz, Jochen; Höflinger, Markus (2011): Logistikprozesse mit SAP. Eine anwendungsbezogene Einführung – Mit durchgehendem Fallbeispiel – Geeignet für SAP Version 4.6A bis ECC 6.0. 3. Auflage. Vieweg+Teubner, Wiesbaden.

Bruhn (2008)

Bruhn, Manfred (2008): Relationship Marketing. Das Management von Kundenbeziehungen. 2. Auflage. Franz Vahlen, München.

BetrVG (2012)

> Bundesministerium der Justiz (Hrsg.; 2012): Gesetze im Internet. Betriebsverfas-sungsgesetz.
> http://www.gesetze-im-internet.de/betrvg/index.html
> Abruf am 2012-06-14.

BPersVG (2012)

> Bundesministerium der Justiz (Hrsg.; 2012): Gesetze im Internet. Bundespersonalver-tretungsgesetz.
> http://www.gesetze-im-internet.de/bpersvg/
> Abruf am 2012-06-14.

BSI (2012)

> Bundesamt für Sicherheit in der Informationstechnik (BSI, Hrsg.; 2012): Patch-management. Leitfaden für sicheres Patch-Management.
> https://www.bsi-fuer-buerger.de/BSIFB/DE/MeinPC/UpdatePatchManagement/
> LeitfadenUpdatemanagement/leitfadenUpdateManagement_node.html
> Abruf am 2012-08-15.

Buchsein u.a. (2008)

> Buchsein, Ralf; Victor, Frank; Günther, Holger; Machmeier, Volker (2008): IT-Management mit ITIL® V3. Strategien, Kennzahlen, Umsetzung. 2. Auflage. Vie-weg+Teubner, Wiesbaden.

Buhl (2012)

> Buhl, Hans Ulrich (2012): Der Beitrag der Wirtschaftsinformatik zur Früherkennung und Vermeidung von „Black Swans" bei IT-Projekten. WIRTSCHAFTSINFORMA-TIK 55 (2): S. 53–57. Gabler, Wiesbaden.

Buhl u.a. (2011)

> Buhl, Hans Ulrich; Röglinger, Maximilian; Stöckl, Stefan; Braunwarth, Kathrin S. (2011): Wertorientierung im Prozessmanagement. Forschungslücke und Beitrag zu betriebswirtschaftlich fundierten Prozessmanagement-Entscheidungen. WIRT-SCHAFTSINFORMATIK 54 (3): S. 159–169. Gabler, Wiesbaden.

Daimler AG (2007)

> Daimler AG (Hrsg.; 2007): Geschäftsbericht 2007. Daimler AG, Stuttgart.

Daimler-Benz AG (1997)

> Daimler-Benz AG (Hrsg.; 1997): Geschäftsjahr 1997. Daimler-Benz AG, Stuttgart.

Davidow u.a. (1992)

> Davidow, William H.; Malone, Michael S. (1992): The Virtual Corporation. Structuring and Revitalizing the Corporation for the 21st Century. HarperBusiness, New York (New York, USA).

DaimlerChrysler AG (1998)

> DaimlerChrysler AG (Hrsg.; 1998): Zusammenschluß des Wachstums. Geschäftsjahr 1998. DaimlerChrysler AG, Stuttgart.

Deming (2000)

> Deming, W. Edwards (2000): Out of the Crisis. Massachusetts Institute of Technology (MIT), Cambridge (Massachusetts, USA).

DIN 69901 (2009)

> DIN Deutsches Institut für Normung e.V. (Hrsg.; 2009): Normenreihe 69901. Normenausschuss Qualitätsmanagement, Statistik und Zertifizierungsgrundlagen (NQSZ) im DIN. Beuth, Berlin.

DIN EN ISO 9001 (2008)

> DIN Deutsches Institut für Normung e.V. (Hrsg.; 2008): Qualitätsmanagementsysteme – Anforderungen (ISO 9001:2008); Dreisprachige Fassung EN ISO 9001:2008. Normenausschuss Qualitätsmanagement, Statistik und Zertifizierungsgrundlagen (NQSZ) im DIN. Beuth, Berlin.

Dittrich u.a. (2009)

> Dittrich, Jörg; Mertens, Peter; Hau, Michael; Hufgard, Andreas (2009): Dispositionsparameter in der Produktionsplanung mit SAP. Einstellhinweise, Wirkungen, Nebenwirkungen. 5. Auflage. Vieweg+Teubner, Wiesbaden.

Ebert (2006)

> Ebert, Christof (2006): Outsourcing kompakt. Entscheidungskriterien und Praxistipps für Outsourcing und Offshoring von Software-Entwicklung. Spektrum, Heidelberg.

EFQM (2012 – About)

> European Foundation for Quality Management (EFQM; 2012): About EFQM.
> http://www.efqm.org/en/tabid/108/default.aspx
> Abruf am 2012-04-01.

EFQM (2012 – Model)

    European Foundation for Quality Management (EFQM; 2012): The EFQM Excellence Model.
    http://www.efqm.org/en/tabid/132/default.aspx
    Abruf am 2012-04-01.

EFQM (2012 – RADAR)

    European Foundation for Quality Management (EFQM; 2012): RADAR.
    http://www.efqm.org/en/tabid/171/default.aspx
    Abruf am 2012-04-01.

Eigner u.a. (2009)

    Eigner, Martin; Stelzer, Ralph (2009): Product Lifecycle Management. Ein Leitfaden für Product Development und Life Cycle Management. 2. Auflage. Springer, Berlin u.a.

EU (2010)

    Europäische Union (Hrsg.; 2010): EUR-Lex. Der Zugang zum EU-Recht. Die Rechtsordnung der Europäischen Union.
    http://eur-lex.europa.eu/de/editorial/abc_c04_r1.htm
    Letzte Aktualisierung am 2010-12-16.
    Abruf am 2012-05-15.

Fawcett u.a. (2012)

    Fawcett, Joe; Ayers, Danny; Quin, Liam R. E. (2012): Beginning XML. 5. Auflage. John Wiley & Sons, Indianapolis (Indiana, USA).

FAZ GmbH (2010)

    Frankfurter Allgemeine Zeitung GmbH (FAZ; 2010): A380: „Riesen-Airbus" muss in Singapur notlanden.
    http://www.faz.net/aktuell/gesellschaft/a-380-riesen-airbus-muss-in-singapur-notlanden-11065357.html
    Abruf am 2012-05-15.

FDA (2012)

    Food and Drug Administration (FDA; 2012): About FDA.
    http://www.fda.gov/AboutFDA/ (und untergeordnete Seiten).
    Abruf am 2012-05-15.

Gaitanides (2012)

Gaitanides, Michael (2012): Prozessorganisation. Entwicklung, Ansätze und Programme des Managements von Geschäftsprozessen. 3. Auflage. Franz Vahlen, München.

Gadatsch (2010)

Gadatsch, Andreas (2010): Grundkurs Geschäftsprozess-Management. Methoden und Werkzeuge für die IT-Praxis: Eine Einführung für Studenten und Praktiker. 6. Auflage. Vieweg+Teubner, Wiesbaden.

Greenberg u.a. (2009)

Greenberg, Paul; Benioff, Marc (2009): CRM at the Speed of Light. Social CRM Strategies, Tools, and Techniques for Engaging Your Customers. 4. Auflage. McGraw-Hill, Columbus (Ohio; United States of America).

Gronau (2010)

Gronau, Norbert (2010): Enterprise Resource Planning. Architektur, Funktionen und Management von ERP-Systemen. 2. Auflage. Oldenbourg, München.

Gronau (2012)

Gronau, Norbert; Fohrholz, Corinna; Plygun, Anna (2012): Mobile Prozesse im ERP. HMD – Praxis der Wirtschaftsinformatik 49 (286): S. 23–31. dpunkt, Heidelberg.

Günther u.a. (2011)

Günther, Hans-Otto; Tempelmeier, Horst (2011): Produktion und Logistik. 9. Auflage. Springer, Berlin u.a.

Hakes (2011)

Hakes, Chris (2011): Practical Excellence. A Hands-on Good Practice Guide to Obtaining Sustainable Excellence Through Using the EFQM Excellence Model and Participation in Related Global Business Awards. Leadership Agenda Limited, Lower Somersham.

Hammer u.a. (1993)

Hammer, Michael; Champy, James (1993): Reengineering the Corporation. A Manifesto for Business Revolution. Harper Business, New York (New York, USA).

Handelsblatt GmbH (2009)

> Handelsblatt GmbH (Hrsg.; 2012): Wirtschaftsspionage: Mittelstand im Visier von Wirtschaftsspionen.
> http://www.handelsblatt.com/unternehmen/mittelstand/wirtschaftsspionage-mittelstand-im-visier-von-wirtschaftsspionen/3127338.html
> Abruf am 2012-05-12.

Handelsblatt GmbH (2012)

> Handelsblatt GmbH (Hrsg.; 2012): Negativpreis Plagiarius: Die gefährlichen Ideen-Klauer.
> http://www.handelsblatt.com/unternehmen/industrie/negativpreis-plagiarius-die-gefaehrlichen-ideen-klauer/6195044.html
> Abruf am 2012-05-12.

Hebeisen (1999)

> Hebeisen, Walter (1999): F.W. Taylor und der Taylorismus. Über das Wirken und die Lehre Taylors und die Kritik am Taylorismus. vdf, Zürich.

Heilmann u.a. (2005)

> Heilmann, Heidi; Alt, Rainer; Österle, Hubert (Hrsg.; 2005): Virtuelle Organisationen. HMD – Praxis der Wirtschaftsinformatik 42 (242). dpunkt, Heidelberg.

Houy u.a. (2011)

> Houy, Constantin; Fettke, Peter; Loos, Peter; van der Aalst, Will M.P.; Krogstie, John (2011): Geschäftsprozessmanagement im Großen. WIRTSCHAFTSINFORMATIK 2011 (6): S. 377–381. Gabler, Wiesbaden.

Huber u.a. (2011)

> Huber, Markus; Huber, Gerda (2011): Prozess- und Projektmanagement für ITIL®. Nutzen Sie ITIL® optimal. Vieweg+Teubner, Wiesbaden.

IDG (2007)

> IDG Business Media GmbH (Hrsg.; 2007): Das Prozesswissen war entscheidend.
> http://www.computerwoche.de/heftarchiv/2007/44/1221202/
> Beitrag vom 2007-11-01. Abruf am 2012-10-12.

IDG (2011 – Applikationen)

> IDG Business Media GmbH (Hrsg.; 2011): Zu viele installierte Anwendungen. Applikationen werden zur Last.
> http://www.computerwoche.de/management/it-strategie/2368291/
> Beitrag vom 2011-03-25. Abruf am 2012-06-05.

IDG (2012 – Cloud Computing)

> IDG Business Media GmbH (Hrsg.; 2012): Marktübersicht Cloud Computing. Cloud-Services aus Deutschland.
> http://www.computerwoche.de/management/cloud-computing/2359614/
> Beitrag vom 2012-03-26. Abruf am 2012-09-04.

IDG (2012 – Lizenzpolitik)

> IDG Business Media GmbH (Hrsg.; 2012): Zu kompliziert: SAP-Anwender bemängeln Lizenzpolitik.
> http://www.computerwoche.de/software/erp/2524763/
> Beitrag vom 2012-10-14. Abruf am 2012-10-30.

Josuttis (2008)

> Josuttis, Nicolai (2008): SOA in der Praxis. System-Design für verteilte Geschäftsprozesse. dpunkt, Heidelberg.

Kaib (2002)

> Kaib, Michael (2002): Enterprise Application Integration. Grundlagen, Integrationsprodukte, Anwendungsbeispiele. Nachdruck Januar 2004. Deutscher Universitäts-Verlag, Wiesbaden.

Kemper u.a. (2010)

> Kemper, Hans-Georg; Baars, Henning; Mehanna, Walid (2010): Business Intelligence – Grundlagen und praktische Anwendungen. Eine Einführung in die IT-basierte Managementunterstützung. Vieweg+Teubner, Wiesbaden.

Knolmayer u.a. (2010)

> Knolmayer, Gerhard; Mertens, Peter; Zeier, Alexander (2010): Supply Chain Management based on SAP systems. Order Management in Manufacturing Companies. Springer, Berlin u.a.

Kosiol (1975)

> Kosiol, Erich (1975): Organisation des Entscheidungsprozesses. 2. Auflage. Duncker & Humblodt, Berlin.

Kurbel (2010)

Kurbel, Karl (2010): Enterprise Resource Planning und Supply Chain Management in Industrieunternehmen. 7. Auflage. Oldenbourg, München.

Laux u.a. (2005)

Laux, Helmut; Liermann, Felix (2005): Grundlagen der Organisation. Die Steuerung von Entscheidungen als Grundproblem der Betriebswirtschaftslehre. 6. Auflage. Springer, Berlin u.a.

Leitenberger (2002)

Leitenberger, Ottmar (2002): ARIS im Einsatz bei der Stadtwerke München GmbH. In: Scheer, August-Wilhelm; Jost, Wolfram (Hrsg.; 2002): ARIS in der Praxis. Gestaltung, Implementierung und Optimierung von Geschäftsprozessen. Springer, Berlin u.a. S. 167–191.

Louis (2009)

Louis, Philipp (2009): Manufacturing Execution Systems. Grundlagen und Auswahl. Mit einem Geleitwort von Prof. Dr. Paul Alpar. Gabler, Wiesbaden.

LPVG (1996)

juris GmbH (Hrsg. im Auftrag des Landes Baden-Württemberg; 2012): Personalvertretungsgesetz für das Land Baden-Württemberg (Landespersonalvertretungsgesetz (LPVG)) in der Fassung vom 01. Februar 1996.
http://www.landesrecht-bw.de/jportal/portal/t/wo7/page/bsbawueprod.psml/action/portlets.jw.MainAction?p1=0&eventSubmit_doNavigate=searchInSubtreeTOC&showdoccase=1&doc.hl=0&doc.id=jlr-PersVGBWrahmen&doc.part=R&toc.poskey=#focuspoint
Abruf am 2012-06-14.

MAVO (2005)

Mitarbeitervertretung der Religionslehrerinnen und Religionslehrer im Dienst der Erzdiözese Freiburg (Hrsg.; 2012): Mitarbeitervertretungsordnung – MAVO – für die Erzdiözese Freiburg.
http://www.mav-freiburg.de/downloads/mavo2005.pdf
Abruf am 2012-06-14.

Melzer (2010)

Melzer, Ingo (2010): Service-orientierte Architekturen mit Web-Services. Konzepte – Standards – Praxis. 4. Auflage. Unter Mitwirkung von Sebastian Eberhard, Alexander Hilliger von Thile, Marcus Flehmig, Peter Tröger, Barbara Rudolph, Boris Stumm, Matthias Lipp, Patrick Sauter, Jochen Vajda, Wolfgang Dostal, Mario Jeckle. Spektrum, Heidelberg.

Mertens (2009)

Mertens, Peter (2009): Integrierte Informationsverarbeitung 1. Operative Systeme in der Industrie. 17. Auflage. Gabler, Wiesbaden.

Mertens u.a. (2009)

Mertens, Peter; Meier, Marco C. (2009): Integrierte Informationsverarbeitung 2. Planungs- und Kontrollsysteme in der Industrie. 10. Auflage. Gabler, Wiesbaden.

Microsoft Corporation (2012 – Accessibility)

Microsoft Corporation (Ed.; 2012): Microsoft Accessibility. History of Microsoft Commitment to Accessibility.
http://www.microsoft.com/enable/microsoft/history.aspx
Abruf am 2012-08-14.

Microsoft Corporation (2012 – BizTalk)

Microsoft Corporation (Hrsg.; 2012): Microsoft Server. BizTalk Server 2010.
http://www.microsoft.com/de-de/server/biztalk-server/default.aspx (und untergeordnete Seiten).
Abruf am 2012-08-19.

Microsoft Corporation (2012 – SCSM)

Microsoft Corporation (Hrsg.; 2012): Microsoft Server. Microsoft System Center Service Manager.
http://www.microsoft.com/de-de/server/system-center/2007-2010/service-manager/default.aspx
Abruf am 2012-08-14.

MTU GmbH (2012)

MTU Aero Engines GmbH (Hrsg.; 2012): Unternehmensstruktur und Produkte/Services. http://www.mtu.de/de/index.html);
http://www.mtu.de/de/take-off/report/archive/1_2011/111_repair/index.html
Abruf am 2012-04-24.

MVG (2012)

> Evangelische Kirche in Mecklenburg-Vorpommern (Hrsg.; 2012): Kirchengesetz über Mitarbeitervertretungen in der Evangelischen Kirche in Deutschland (Mitarbeitervertretungsgesetz – MVG) vom 06. November 1992.
> http://www.kirche-mv.de/fileadmin/ELLM-Gesetze/Personal/MVG-EKD.pdf
> Abruf am 2012-06-14.

Nissen u.a. (2012)

> Nissen, Volker; von Rennenkampff, Alexander; Termer, Frank (2012): Agile IT-Anwendungslandschaften als strategische Unternehmensressource. HMD – Praxis der Wirtschaftsinformatik 49 (284): S. 24–33. dpunkt, Heidelberg.

NIST (2012)

> National Institute of Standards and Technology (NIST; Ed.; 2012): The NIST Definition of Cloud Computing. Recommendations of the National Institute of Standards and Technology. NIST Special Publication 800-145. By Peter Mell and Timothy Grance. U.S. Department of Commerce, Gaithersburg (Maryland; US-MD; United States of America).
> http://csrc.nist.gov/publications/nistpubs/800-145/SP800-145.pdf
> Abruf am 2012-09-06.

Olbrich (2008)

> Olbrich, Alfred (2008): ITIL® kompakt und verständlich. Effizientes IT Service Management – Den Standard für IT-Prozesse kennenlernen, verstehen und erfolgreich in der Praxis umsetzen. 4. Auflage. Vieweg+Teubner, Wiesbaden.

OMG (2012)

> Object Management Group (Ed.; 2012): Business Process Maturity Model (BPMM).
> http://www.omg.org/spec/BPMM/ (und untergeordnete Seiten).
> Abruf am 2012-10-19.

Osterloh u.a. (2006)

> Osterloh, Margit; Frost, Jetta (2006): Prozessmanagement als Kernkompetenz. Wie Sie Business Reengineering strategisch nutzen können. 5. Auflage. Gabler, Wiesbaden.

Pfohl (2009)

> Pfohl, Hans-Christian (2009): Logistiksysteme. Betriebswirtschaftliche Grundlagen. 8. Auflage. Springer, Berlin u.a.

Rampersad (2010)

 Rampersad, Hubert K. (2010): Total Quality Management: An Executive Guide to Continuous Improvement. Springer, Berlin u.a.

SAP AG (2001)

 SAP AG (Hrsg.; 2001): Business Configuration Sets (BC-CUS).
 http://help.sap.com/printdocu/core/Print46c/de/data/pdf/
 BCCUSBCS/BCCUSBCS.pdf
 Abruf am 2012-06-26.

SAP AG (2008)

 SAP AG (Hrsg.; 2008): Presseinformation vom 2008-07-30: SAP ist weltweiter Marktführer bei CRM, ERP und SCM.
 http://www.sap.com/germany/about/press/index.epx.epx?pressid=16829
 Abruf am 2012-06-21.

SAP AG (2012 – ERP)

 SAP AG (Hrsg.; 2012): Enterprise Resource Planning (ERP).
 http://www.sap.com/germany/solutions/business-process/enterprise-resource-planning.epx
 Abruf am 2012-06-21.

SAP AG (2012 – Geschichte)

 SAP AG (Hrsg.; 2012): Geschichte.
 http://www.sap.com/corporate-de/our-company/history.epx
 Abruf am 2012-11-17.

SAP AG (2012 – Mischbelegung)

 SAP AG (Hrsg.; 2012): Online-Hilfe in SAP ECC 6.0. Kennzeichen: Mischbelegung.
 Abruf am 2012-03-30.

SAP AG (2012 – NetWeaver)

 SAP AG (Hrsg.; 2012): SAP NetWeaver. Die Zukunft mit IT gestalten.
 http://www.sap.com/germany/plattform/netweaver/index.epx (und untergeordnete Seiten).
 Abruf am 2012-08-19.

SAP AG (2012 – Store)

SAP AG (Hrsg.; 2012): SAP Store.
https://store.sap.com/sap/cpa/repository/store/Page.html
Abruf am 2012-10-22.

SAP AG (2012 – Struktur)

SAP AG (Hrsg.; 2012): Elemente der Unternehmensstruktur.
http://help.sap.com/saphelp_erp60_sp/helpdata/de/48/35c41e4abf11d18a0f0000e816a
e6e/content.htm
Abruf am 2012-10-22.

SAP AG (2012 – Unternehmen)

SAP AG (Hrsg.; 2012): Internet-Seite des Unternehmens (Startseite) und untergeordnete Seiten.
http://www.sap.com/germany/index.epx
Abruf am 2012-11-17.

SAP AG (2012 – Workflow)

SAP (Hrsg.; 2012): Online-Hilfe in SAP ECC 6.0. SAP Business Workflow.
Abruf am 2012-08-04.

Scheer (1989)

Scheer, August-Wilhelm (1989): CIM. Computer Integrated Manufacturing. Der
computergesteuerte Industriebetrieb. 4. Auflage. Springer, Berlin u.a.

Scheer (1997)

Scheer, August-Wilhelm (1997): Wirtschaftsinformatik. Referenzmodelle für indus-
trielle Geschäftsprozesse. 7. Auflage. Springer, Berlin u.a.

Scheer (2001)

Scheer, August-Wilhelm (2001): ARIS – Modellierungsmethoden, Metamodelle,
Anwendungen. 4. Auflage. Springer, Berlin u.a.

Scheer (2002)

Scheer, August-Wilhelm (2002): ARIS – Vom Geschäftsprozess zum Anwendungssystem. 4. Auflage. Springer, Berlin u.a.

Scheer u.a. (2002)

> Scheer, August-Wilhelm; Jost, Wolfram (Hrsg.; 2002): ARIS in der Praxis. Gestaltung, Implementierung und Optimierung von Geschäftsprozessen. Springer, Berlin u.a.

Scheer u.a. (2003)

> Scheer, August-Wilhelm; Abolhassan, Ferri; Jost, Wolfram; Kirchmer, Mathias (Hrsg.; 2003): Change Management im Unternehmen. Prozessveränderungen erfolgreich managen. Mit einem Geleitwort von Michael Hammer. Springer, Berlin u.a.

Scheer u.a. (2012)

> Scheer, August-Wilhelm; Feld, Thomas; Caspers, Roland (2012): BPM: Neue Architektur durch Business-Process-Planung und -Steuerung (BPPS). IM Information Management und Consulting (27) 2: S 64-70. imc information multimedia communication AG, Saarbrücken.

Schill u.a. (2012)

> Schill, Alexander; Springer, Thomas (2012): Verteilte Systeme. Grundlagen und Basistechnologien. 2. Auflage. Springer Vieweg, Berlin u.a.

Schmidt (2002)

> Schmidt, Günter (2002): Prozessmanagement. Modelle und Methoden. 2. Auflage. Springer, Berlin u.a.

Schreyögg (2008)

> Schreyögg, Georg (2008): Organisation. Grundlagen moderner Organisationsgestaltung. Mit Fallstudien. 5. Auflage. Gabler, Wiesbaden.

Sendler u.a. (2011)

> Sendler, Ulrich; Wawer, Volker (2011): Von PDM zu PLM. Prozessoptimierung durch Integration. Carl Hanser, München.

Software AG (2012 – ARIS Platform)

> Software AG (2012; Hrsg.): ARIS Platform.
> http://softwareag.se/de/products/aris_platform/default.asp
> Abruf am 2012-01-01.

Software AG (2012 – ARIS-Beispiel)

  Software AG (Hrsg.; 2012): ARIS Business Architect Version 7.2. Beispiel zur Software-Anwendung (DemoDB-United Motors Group [LOCAL]). Software AG, Darmstadt.

Software AG (2012 – ARIS-Methoden)

  Software AG (Hrsg.; 2012): ARIS Business Architect Version 7.2. Dokumentation
  (ARIS-Methoden) zur Software-Anwendung. Software AG, Darmstadt.

Software AG (2012 – BMW)

  Software AG (2012; Hrsg.): ARIS-Referenzkunden der Software AG. BMW Group.
  http://www.softwareag.com/corporate/images/SAG-
  IDS_BMW_2PG_RS_G_Mar11_Web_tcm16-85334.pdf
  Abruf am 2012-01-01.

Software AG (2012 – Geschichte)

  Software AG (2012; Hrsg.): Geschichte.
  http://www.softwareag.com/de/company/companyinfo/history/ids_scheer_milestones/
  default.asp
  Abruf am 2012-01-01.

Software AG (2012 – Rentschler)

  Software AG (2012; Hrsg.): ARIS-Referenzkunden der Software AG. Rentschler Bio-
  technologie GmbH.
  http://www.softwareag.com/corporate/images/SAG-
  IDS_Rentschler_2PG_RS_G_Mar11_Web_tcm16-84299.pdf
  Abruf am 2012-01-01.

Software AG (2012 – SZ)

  Software AG (2012; Hrsg.): ARIS-Referenzkunden der Software AG. Süddeutsche
  Zeitung GmbH.
  http://www.softwareag.com/corporate/images/SAG-
  IDS_S%D0%91ddeutscheZeitung_2PG_RS_G_Jan11_Web_tcm16-82765.pdf
  Abruf am 2012-01-01.

Software AG (2012 – Wüstenrot)

  Software AG (2012; Hrsg.): ARIS-Referenzkunden der Software AG. Wüstenrot &
  Württembergische AG.
  http://www.softwareag.com/corporate/images/SAG_W%26W_4PG_RS_G_Aug10-
  web_tcm16-74217.pdf
  Abruf am 2012-01-01.

Sourcemap (2012)

>   Sourcemap.com (2012; Ed.): Where things come from.
>   http://www.sourcemap.com
>   Abruf am 2012-04-07.

Specht u.a. (2005)

>   Specht, Olaf; Schweer, Hartmut; Ceyp, Michael (2005): Markt- und ergebnisorientier-
>   te Unternehmensführung für Ingenieure + Informatiker. 6. Auflage. Oldenbourg,
>   München.

Stadtler u.a. (2010)

>   Stadler, Hartmut; Kilger, Christoph; Meyr, Herbert (Hrsg.; 2010): Supply Chain Ma-
>   nagement und Advanced Planning. Konzepte, Modelle und Software. Springer, Berlin
>   u.a.

Staud (2006)

>   Staud, Josef (2006): Geschäftsprozessanalyse. Ereignisgesteuerte Prozessketten und
>   objektorientierte Geschäftsprozessmodellierung für betriebswirtschaftliche Standard-
>   software. 3. Auflage. Springer, Berlin u.a.

Stiehl (2010)

>   Stiehl, Volker (2010): Lose Kopplung und BPMN – passt das? Java Magazin (2010)
>   2: S. 67–73. Software & Support, Frankfurt am Main.

Stößlein (2006)

>   Stößlein, Martin (2006): Anspruchsgruppenkommunikation. Wertorientierte Gestal-
>   tungsmöglichkeiten mit wissensbasierten Stakeholder-Informations-Systemen. Mit
>   einem Geleitwort von Prof. Dr. Dr. h.c. mult. Peter Mertens. Deutscher Universitäts-
>   Verlag, Wiesbaden.

Ströbele u.a. (2012)

>   Ströbele, Wolfgang; Pfaffenberger, Wolfgang; Heuterkes, Michael (2012): Energie-
>   wirtschaft. Einführung in Theorie und Politik. 3. Auflage. Oldenbourg, München.

TeDo (2012 – BPM)

>   TeDo-Verlag GmbH (Hrsg.; 2012): Marktübersicht: Business Process Management
>   (BPM). it-production.com. Das Online-Magazin für erfolgreiche Produktion.
>   http://www.it-production.com/markt/BPM
>   Abruf am 2012-04-28.

TeDo (2012 – DMC)

TeDo-Verlag GmbH (Hrsg.; 2012): Marktübersicht: Dokumenten Management Systeme (DMS). it-production.com. Das Online-Magazin für erfolgreiche Produktion. http://www.it-production.com/markt/DMS Abruf am 2012-05-03.

TeDo (2012 – ERP)

TeDo-Verlag GmbH (Hrsg.; 2012): Marktübersicht: Enterprise Resource Planning (ERP). it-production.com. Das Online-Magazin für erfolgreiche Produktion. http://www.it-production.com/markt/ERP Abruf am 2012-06-12.

TeDo (2012 – PM)

TeDo-Verlag GmbH (Hrsg.; 2012): Marktübersicht: Projektmanagement (PM). it-production.com. Das Online-Magazin für erfolgreiche Produktion. http://www.it-production.com/markt/PM Abruf am 2012-05-03.

Thiel u.a. (2010)

Thiel, Klaus; Meyer, Heiko; Fuchs, Franz (2010): MES – Grundlagen der Produktion von morgen. Effektive Wertschöpfung durch die Einführung von Manufacturing Execution Systems. 2. Auflage. Oldenbourg, München.

Thonemann (2005)

Thonemann, Ulrich (2005): Operations Management. Konzepte, Methoden und Anwendungen. Pearson Studium, München.

TSO (2012)

The Stationary Office (TSO) Publishing Solutions (Ed.): Best Practice Management. Service Management – ITIL® 2011 Edition Publications. http://www.best-management-practice.com/?DI=630838 Abruf am 2012-05-25.

United Nations (2012)

United Nations (Ed.; 2012): UN Recommendations on the Transport of Dangerous Goods – Model Regulations (Twelfth revised edition). United Nations Economic Commission for Europe (UNECE), New York (New York, USA). http://www.unece.org/trans/danger/publi/unrec/12_e.html Abruf am 2012-10-02.

Urbach u.a. (2012)

Urbach, Nils; Würz, Tobias (2012): Ein integrierter Ansatz zur Steuerung von IT-Outsourcing-Vorhaben. HMD – Praxis der Wirtschaftsinformatik 49 (284): S. 34–42. dpunkt, Heidelberg.

VDI (2000)

Verein Deutscher Ingenieure e.V. (Hrsg.; 2000): VDI-Richtlinie 3633. Simulation von Logistik-, Materialfluß- und Produktionssystemen. Grundlagen (Blatt 11). In: Verein Deutscher Ingenieure e.V. (Hrsg.; 2009): VDI-Handbuch Materialfluß und Förder-technik. Band 8. VDI-Gesellschaft Fördertechnik Materialfluß Logistik. Fachbereich Simulation. Fachausschuß Simulation von Logistik-, Materialfluß- und Produktions-systemen; Grundlagen. Verein Deutscher Ingenieure e.V., Düsseldorf 2009.

Vietz GmbH (2012)

Vietz GmbH (Hrsg.; 2012): Your global partner for pipeline equipment.
http://www.vietz.de/index.html
Abruf am 2012-05-12.

Voigt (2008)

Voigt, Ingo (2008): Industrielles Management. Industriebetriebslehre aus prozess-orientierter Sicht. Springer, Berlin u.a.

Vogler (2006)

Vogler, Petra (2006): Prozess- und Systemintegration. Evolutionäre Weiterentwick-lung bestehender Informationssysteme mit Hilfe von Enterprise Application Integra-tion. Deutscher Universitäts-Verlag, Wiesbaden.

Vossen u.a. (2012)

Vossen, Gottfried; Haselmann, Till; Hoeren, Thomas (2012): Cloud-Computing für Unternehmen. Technische, wirtschaftliche, rechtliche und organisatorische Aspekte. dpunkt, Heidelberg.

Wöhe u.a. (2010)

Wöhe, Günter; Döring, Ulrich (2010): Einführung in die Allgemeine Betriebswirt-schaftslehre. 24. Auflage. Franz Vahlen, München.

Zarnekow (2007)

Zarnekow, Rüdiger (2007): Produktionsmanagement von IT-Dienstleistungen. Grund-lagen, Aufgaben und Prozesse. Springer, Berlin u.a.

Stichwortverzeichnis

K